Zuwanderung von Hochqualifizierten nach Deutschland und in die USA

Europäische Hochschulschriften
Publications Universitaires Européennes
European University Studies

**Reihe XXXI
Politikwissenschaft**

Série XXXI   Series XXXI
Sciences politiques
Political Science

Bd./Vol. 598

PETER LANG
Frankfurt am Main · Berlin · Bern · Bruxelles · New York · Oxford · Wien

Frederic Markus

Zuwanderung von Hochqualifizierten nach Deutschland und in die USA

PETER LANG
Internationaler Verlag der Wissenschaften

Bibliografische Information der Deutschen Nationalbibliothek
Die Deutsche Nationalbibliothek verzeichnet diese Publikation in
der Deutschen Nationalbibliografie; detaillierte bibliografische Daten
sind im Internet über http://dnb.d-nb.de abrufbar.

Gedruckt auf alterungsbeständigem,
säurefreiem Papier.

ISSN 0721-3654
ISBN 978-3-631-60961-3
© Peter Lang GmbH
Internationaler Verlag der Wissenschaften
Frankfurt am Main 2011
Alle Rechte vorbehalten.

Das Werk einschließlich aller seiner Teile ist urheberrechtlich
geschützt. Jede Verwertung außerhalb der engen Grenzen des
Urheberrechtsgesetzes ist ohne Zustimmung des Verlages
unzulässig und strafbar. Das gilt insbesondere für
Vervielfältigungen, Übersetzungen, Mikroverfilmungen und die
Einspeicherung und Verarbeitung in elektronischen Systemen.

www.peterlang.de

Für Jasmin

Inhaltsverzeichnis

Vorwort.. 9

Abkürzungsverzeichnis 11

Schaubildverzeichnis.. 13

Kapitel 1 Einleitung.. 15
          1.1 Gegenstand der Untersuchung 15
          1.2 Fragestellungen, Thesen und Hypothesen 17
          1.3 Aufbau der Studie 21
          1.4 Forschungsstand.. 23
          1.5 Begriffliche Grundlagen 27

Kapitel 2 Theoretische und empirische Grundlagen 29
          2.1 Humankapitaltheorie 29
          2.2 Bedeutung der Qualifikation der Zuwanderer 33
          2.3 Integrationsleistungen 37
          2.4 Mögliche Wohlfahrtseffekte für Deutschland 39
          2.5 Bedarf an Hochqualifizierten.. 43

Kapitel 3 Methode 51
          3.1 Auswahl der Vergleichsländer.. 51
          3.2 Steuerungskonzept von Dita Vogel 53

Kapitel 4 Historische Entwicklung der Zuwanderungspolitik 57

4.1 USA 57

4.2 Deutschland 63

Kapitel 5 Temporäre Zuwanderung im Ländervergleich 69

5.1 Deutschland 69

5.1.1 Green Card-Initiative 69
5.1.2 Unternehmensinterner Fachkräftetransfer 72

5.2 USA 75

5.2.1 H-1B-Programm 75
5.2.2 L-1-Programm 78

5.3 Vergleich 81

Kapitel 6 Permanente Zuwanderung im Ländervergleich 87

6.1 Permanent Resident Card in den USA 87

6.2 Das Zuwanderungsgesetz seit 2005 in Deutschland 91

6.3 Vergleich 95

Kapitel 7 Praktische Handlungsempfehlungen für Deutschland 99

7.1 Ausrichtung der Zuwanderungspolitik 99

7.2 Detaillierte Ausrichtung der Steuerungsinstrumente 101

8. Schlussbetrachtung 105

9. Literaturverzeichnis 109

„Lassen Sie mich eingangs klarstellen:
Wir brauchen hochqualifizierte Zuwanderer
in Deutschland. Sie sind nicht nur eine Bereicherung für
den Arbeitsmarkt, sondern auch für unsere Gesellschaft insgesamt."
(Rita Süssmuth 2008)

Vorwort

Das Zitat der ehemaligen Bundestagspräsidentin Prof. Rita Süssmuth ist der Leitgedanke der vorliegenden Studie. Dabei wird die abstrakte Darstellung in Verbindung mit der ökonomischen Argumentation einigen Passagen eine technokratische Färbung geben. Deshalb soll an dieser Stelle darauf hingewiesen werden, dass es hier vor allem um Menschen geht, die nach Deutschland kommen wollen und – wie diese Studie unterstreicht – auch kommen sollen.

Zudem gilt auch, dass Reformen nicht allein ökonomisch begründet werden sollten, da diese auch in einem größeren, politischen, geistig-kulturellen Zusammenhang stehen müssen.

***

Herzlich danken möchte ich Prof. Barbara Riedmüller vom Otto-Suhr-Institut für Politikwissenschaft an der Freien Universität Berlin, die mich mit Fragen, Kritik und Anregungen befähigt hat, diese Studie zu entwickeln.

Ein großer Dank geht an Andreas Köhler, der mir über viele Diskussionen geholfen hat, meine Gedanken zu sortieren. Gleichermaßen war auch seine gründliche Lektoratsarbeit unersetzlich. Er hat dafür gesorgt, dass orthographische und grammatikalische Fehler in diesem Buch nur auf meine nachträglichen Änderungen zurückzuführen sind.

Meinen Eltern danke ich für ihre Unterstützung während des Studiums. Besonders danke ich meiner Mutter, sie hat mich immer darin bestärkt meinen Interessen nachzugehen.

Jeder Gedanke an meine beiden Brüder war mir, gerade auch in Zeiten der Anspannung und intensiven Arbeit, immer Quelle meiner Willenskraft und Arbeitsfreude.

Dem wichtigsten Menschen in meinem Leben ist diese Lektüre in tiefer Bewunderung zugedacht: Jasmin Abdulhanan hat mich nicht nur für das Thema inspiriert, sie hat auch durch ihr klares Urteil meinen Ideen den notwendigen Halt gegeben. Ohne sie gäbe es das Buch nicht.

Abkürzungsverzeichnis

ArGV	Arbeitsgenehmigungsverordnung
ASAV	Anwerbestoppausnahmeverordnung
AufenthG	Aufenthaltsgesetz
AVV	Arbeitsaufenthaltsverordnung
AZR	Ausländerzentralregister
BA	Bundesagentur für Arbeit
BAMF	Bundesamt für Migration und Flüchtlinge
BMBF	Bundesministerium für Bildung und Forschung
BMI	Bundesministerium des Innern
BMWi	Bundesministerium für Wirtschaft und Technologie
BITKOM	Bundsverband Informationswirtschaft, Telekommunikation & neue Medien
DOL	US-Department of Labour
HWWA	Hamburgisches Welt-Wirtschafts-Archiv
IAB	Institut für Arbeitsmarkt- und Berufsforschung der BA
IMIS	Das Institut für Migrationsforschung und Interkulturelle Studien
IOM	International Organization for Migration
ITK	Informations- und Telekommunikationsbranche
IW-Köln	Institut der deutschen Wirtschaft Köln
IZA	Institut zur Zukunft der Arbeit
OECD	Organisation for Economic Co-Operation and Development
UNESCO	United Nations Educational, Scientific and Cultural Organisation
ZuWG	Zuwanderungsgesetz

Schaubildverzeichnis

Schaubild 1: Verhältnis von älteren und jüngeren
Hochqualifizierten.. 30

Schaubild 2: Qualifikationsspezifische Arbeitslosenquoten
von 1975 bis 2009.. 31

Schaubild 3: Entwicklung der Netto-Zuwanderung in
ausgewählten OECD-Staaten... 33

Schaubild 4: Qualifikationsniveau von im Ausland und
Inland geborenen Einwohnern in ausgewählten
OECD-Staaten.. 34

Schaubild 5: Veränderung des Pro-Kopf-Einkommens
(in KPP-Dollar Kaufkraftparitäten) von 1995
bis 2007.. 35

Schaubild 6: Differenz der Punktezahl aus den PISA-
Ergebnissen bei Kindern von Zuwanderern
und Einheimischen im Fach Mathematik............................ 37

Schaubild 7: Unterschiedliche Zuwanderungsszenarien
und mögliche BIP-Wachstumsraten für
Deutschland... 39

Schaubild 8: BIP-Zuwachs bei unterschiedlichen
Zuwanderungsszenarien pro Einwohner........................... 40

Schaubild 9: Berufsgruppen von Hochqualifizierten 44

Schaubild 10: Entwicklung von Fachkräfteangebot und
-nachfrage für Ingenieure seit 2002.................................... 46

Schaubild 11: Entwicklung von Fachkräfteangebot und
-nachfrage für Techniker seit 2002..................................... 47

Schaubild 12: Entwicklung von Fachkräfteangebot und
-nachfrage für Datenverarbeitungsfachleute
seit 2002... 48

Schaubild 13: Prognose von Fachkräfteangebot und
-nachfrage in MINT-Berufen von 2010 bis 2020............. 49

Schaubild 14: Permanente Zuwanderung in die USA ab 1970................. 58

Schaubild 15: Zuwanderung im Bereich der temporären
Zuwanderung ab 1985... 60

Schaubild 16: Zuwanderungssaldo nach Deutschland ab 1950................. 63

Schaubild 17: Zuwanderungsarten nach Deutschland seit 1985................ 65

Schaubild 18: Zusicherungen von Arbeitserlaubnissen an
IT-Fachkräfte von 2000 bis 2004.................................... 71

Schaubild 19: Unternehmensinterner Fachkräftetransfer in
Deutschland von 1998 bis 2008...................................... 74

Schaubild 20: Jährliche Visa-Erstausstellungen über das
H-1-B-Programm ab 1992... 77

Schaubild 21: Zuwanderung von Hochqualifizierten im
Bereich der permanenten Zuwanderung
ab 1992 89

Schaubild 22: Zugewanderte Hochqualifizierte, denen eine
Niederlassungserlaubnis nach § 19 AufenthaltG
im Zeitraum 2005 bis 2008 erteilt wurde 94

Schaubild 23: Zu- und Fortzüge nach / aus Deutschland
ab 1986 bis 2009... 97

Kapitel 1 Einleitung

1.1 Gegenstand der Untersuchung

Deutschland ist ein bedeutendes Zuwanderungsland in Europa (vgl. Geedes 2003: 80). Die Steuerung und Gestaltung der Zuwanderung ist daher eine wichtige gesellschaftliche Herausforderung. In der Vergangenheit wurde die ökonomisch bedingte Zuwanderung zunächst nur auf gering- und mittelqualifizierte Zuwanderer ausgerichtet und seit dem Anwerbestopp von 1973 hauptsächlich unter dem Paradigma der Begrenzung gesteuert. Heute fehlt daher in Deutschland eine mittel- und langfristige Zuwanderungspolitik in Bezug auf Hochqualifizierte.

Verschiedene ökonomische und gesellschaftliche Herausforderungen machen aber eine Neugestaltung der Zuwanderung notwendig. Erstens führt der demografische Wandel zur Verknappung des gesamtwirtschaftlichen Angebots an Hochqualifizierten, weshalb bereits seit Jahren ein Fachkräftemangel in bestimmten Arbeitssegmenten besteht (vgl. Acatech 2009). Zweitens erfordert der Strukturwandel der Arbeitswelt hin zu einer „forschungs- und wissensintensiven Gesellschaft" (Acemuoglu 2002: 24) ein höheres Angebot von hochqualifizierten Fachkräften am Arbeitsmarkt. Diese vermehrte Nachfrage an Hochqualifizierten wird in den kommenden Jahren auch noch steigen (vgl. Koppel / Plünnecke 2009). Drittens zeigen die Erfahrungen mit den gesellschaftlichen und ökonomischen Integrationseffekten der vergangenen Zuwanderung nach Deutschland, dass das Humankapital entscheidende Bedeutung für die gelungene Integration von Zuwanderern hat (vgl. Havemann / Wolfe 1995).

Daraus folgt, dass Zuwanderung auch weiterhin erfolgen sollte. Diese muss, in Anbetracht der Herausforderungen, qualifikationsorientiert gesteuert werden, um dem Ziel der Maximierung des ökonomischen Nutzens zu folgen. Diese Nutzenmaximierung ist über eine Steuerung der Zuwanderung unter ökonomischen Gesichtspunkten möglich, wie am Beispiel der Vereinigten Staaten von Amerika (USA) aufgezeigt werden soll. Denn der Blick über den Atlantik ins klassische Zuwanderungsland macht eine jahrzehntelange Begünstigung der

Zuwanderung von Hochqualifizierten deutlich. In den USA hilft diese Zuwanderungspolitik als Teil der Arbeitsmarkt- und Wirtschaftspolitik die ökonomischen und gesellschaftlichen Herausforderungen zu bewältigen.

Vor diesem Hintergrund soll auch die Zuwanderung in Deutschland, abweichend vom gegenwärtigen Paradigma, als Teil der Arbeitsmarkt- und Wirtschaftspolitik entworfen werden. Dies ist erforderlich, obwohl durch die Green Card-Initiative und das Zuwanderungsgesetz von 2005 eine qualifikationsorientiert gesteuerte Zuwanderungspolitik etabliert wurde. Doch deren Konzeption und Umsetzung haben bisher hinsichtlich der Begünstigung der Zuwanderung von Hochqualifizierten keinen Fortschritt bewirkt.

Es ist daher eine entscheidende Voraussetzung für die weitere Entwicklung der Zuwanderungspolitik in Deutschland, dass Defizite der bestehenden Steuerungsinstrumente analysiert werden und entsprechende Forderungen für den politischen Handlungsbedarf formuliert werden. Die vorliegende Untersuchung soll dies über den Vergleich mit den USA liefern und zudem praktische Handlungsempfehlungen aufzeigen.

Die Studie ist damit ein Beitrag im Bereich der international vergleichenden Politikfeldanalyse und liefert aus einer volkswirtschaftlichen Perspektive einen Programmvergleich, der sich auf den Policy-Output und Policy-Outcome der beiden Länder konzentriert.

1.2 Fragestellungen, Thesen und Hypothesen

Dazu sollen zunächst die theoretischen und empirischen Grundlagen der weiteren Untersuchung unter folgender Frage stehen:

Welche ökonomischen und gesellschaftlichen Faktoren machen eine Neuausrichtung der Zuwanderungspolitik Deutschlands notwendig?

Unter *ökonomischen Faktoren* wird der seit den 1970/80er-Jahren einsetzende Strukturwandel gesehen, der ein höheres Angebot an hochqualifizierten Fachkräften für den Arbeitsmarkt in Deutschland erfordert (vgl. Koppel / Plünnecke 2009). Zudem wird darunter der demografische Wandel verstanden, der zu einer Verknappung des gesamtwirtschaftlichen Angebots an Hochqualifizierten in den kommenden Jahren führen wird, und der bereits seit Jahren als Fachkräftemangel in bestimmten Berufssegmenten besteht (vgl. Acatech 2009). Unter gesellschaftlichen Faktoren werden die infolge der Zuwanderungspolitik entstehenden Integrationseffekte verstanden. Eine Neuausrichtung der Zuwanderungspolitik bezieht sich auf die Anwerbung in relevanten quantitativen Größen (Zuwanderungszahlen), die später konkreter definiert werden sollen.

- Es wird vermutet, dass Deutschland die Zuwanderung nicht angemessen in Bezug auf die ökonomischen und gesellschaftlichen Herausforderungen steuert. Daher begünstigt die traditionelle Ausrichtung der (arbeitsmarktbedingten) Zuwanderung auf Mittel- und Geringqualifizierte kaum das Wirtschaftswachstum, verursacht höhere Integrationseffekte, und das Ausbleiben von Hochqualifizierten am Arbeitsmarkt gleicht einen auftretenden Fachkräftemangel nicht aus.
Somit wäre eine Ausrichtung der Zuwanderung ohne zielgerichtete Einbeziehung der Hochqualifizierten in mehrfachen Sinn ökonomisch negativ zu bewerten.

- Im Gegensatz dazu darf vermutet werden, dass die USA über eine qualifikationsorientiert gesteuerte Zuwanderung in Bezug auf Hochqualifizierte das Wirtschaftswachstum begünstigen und zudem mit deutlich geringeren Integrationseffekten zu tun haben.

Daher könnten die Regelungen der Zuwanderungspolitik in Bezug auf Hochqualifizierte der USA als ein erfolgreiches Vorbild für Deutschland gelten und für eine vergleichende Untersuchung dienlich sein. In Anbetracht der Tatsache, dass Deutschland seit Ende der 1990er-Jahre versucht, die Zuwanderung von Hochqualifizierten zu begünstigen, stellt sich daher für den Vergleich die Frage:

Durch welche zuwanderungspolitischen Steuerungsinstrumente[1] versuchen Deutschland und die USA die Zuwanderung von Hochqualifizierten zu begünstigen?

Im Kontext dieser Fragestellung zielen die Thesen auf die Gründe für die unterschiedliche Ausgestaltung der zuwanderungspolitischen Steuerungsinstrumente in den Vergleichsländern:

- Dabei ist davon auszugehen, dass Deutschland die Zuwanderungsteuerung seit dem Anwerbestopp von 1973 in erster Linie als Abwehrfunktion begreift und den ökonomischen Nutzen - wenn überhaupt - nur als nachrangig versteht. Daher werden selbst neue Regelungen zur Begünstigung der Zuwanderung von Hochqualifizierten auf deren Verhinderung und Begrenzung ausgerichtet.
Diese Politik kulminiert in der fehlenden Möglichkeit der Statusangleichung und ist daher als Ausdruck zu sehen, dass sich Deutschland noch immer nicht als Zuwanderungsland begreift (vgl. Stobbe 2004: 201).

- Für die USA ist davon auszugehen, dass die Zuwanderungssteuerung in Bezug auf Hochqualifizierte in erster Linie als Anwerbefunktion begriffen wird. Folglich ist sie Teil der Arbeitsmarkt- und Wirtschaftspolitik und wird zudem über Anreizsysteme attraktiv gestaltet, um im „Wettbewerb um die besten Köpfe" (Unabhängige Kommission „Zuwanderung" 2001) konkurrenzfähig zu bestehen.
Die Möglichkeit der Statusangleichung wird daher als Ausdruck gesehen, dass sich die USA als Zuwanderungsland verstehen (vgl. ebd.).

---

1 In dieser Untersuchung wird davon ausgegangen, dass es keine Politik der offenen Grenzen gibt. Deshalb sind zuwanderungspolitische Steuerungsinstrumente die notwendigen Teile eines Selektionsmechanismus mit dessen Hilfe der Staat die Diskrepanz zwischen gewünschter und ungewünschter Zuwanderung so gut wie möglich beseitigt (vgl. Stobbe 2004: 37).

Neben der Fragestellung und den Thesen sollen die nachfolgenden Hypothesen als Wegmarken der vergleichenden Analyse dienen:

- Für den Vergleich der verschiedenen zuwanderungspolitischen Steuerungsinstrumente wird vermutet, dass vergangene und aktuell implementierte Regelungen zur Begünstigung der Zuwanderung von Hochqualifizierten in Deutschland ähnliche Funktionen erfüllen, die in den USA über die lange Tradition der Zuwanderungsgesetzgebung erfüllt werden. Wiederum wird für die USA vermutet, dass die Zuteilung des jeweiligen Aufenthaltsstatus ähnlich restriktiv über klare Interessen, spezifische Kriterien und verschiedene detaillierte Auflagen erfolgt, die sich bei näherer Betrachtung in ihrer Komplexität kaum von der jeweiligen Ausgestaltung in Deutschland unterscheiden.
Demzufolge sollte Deutschland durch verschiedene Programme die temporäre und permanente Zuwanderung begünstigen, dabei zugleich speziell Hochqualifizierte über ein Kategoriensystem auswählen und die Vergabe des Aufenthaltsstatus' an ähnliche Voraussetzungen knüpfen wie in den USA.
Die USA müssten die Zuwanderung der Hochqualifizierten nach ökonomischen Interessen steuern und dabei sowohl an die Arbeitgeberseite als auch an die Visa-Bewerber klare Voraussetzungen und Bedingungen stellen. Demnach kann hier keine detaillierte Ähnlichkeit in den rechtlichen Regelungen der Vergleichsländer erwartet werden. Allerdings sollten die Voraussetzungen, Bedingungen und Restriktionen eine gleiche Tendenz aufweisen.

Sollten sich diese Anknüpfungspunkte im Vergleich abzeichnen, könnten dann auch praktische Handlungsempfehlungen aufgezeigt werden, die im Kontext der Frage stehen:

Wie kann die Zuwanderung nach Deutschland am Beispiel der USA qualifikationsorientiert gesteuert werden?

Denn für das seit 2005 in Deutschland geltende Zuwanderungsgesetz darf vermutet werden, dass es keine brauchbare strategische Antwort auf die vielfältigen ökonomischen und gesellschaftlichen Herausforderungen liefert.

- Danach müsste eine Zuwanderungspolitik so gestaltet sein, dass sie nach dem Kriterium Hochqualifikation auswählt und dadurch langfristig das Humankapital in Deutschland erhöht (demografische Herausforderung) (vgl. Sauer / Heß 2007: 8) sowie kurzfristig einen Fachkräftemangel auf dem Arbeitsmarkt (ökonomische Herausforderungen) ausgleichen hilft. Deshalb stellt eine zweigleisige Zuwanderungspolitik in permanente und temporäre Zuwanderung sowohl eine attraktive Ausgestaltung für Zuwanderer dar, als auch eine konkurrenzfähige Politik im globalen „Wettbewerb um die besten Köpfe" (Unabhängige Kommission „Zuwanderung" 2001). Somit ist eine Zuwanderungspolitik zur Bewältigung der Herausforderungen auch nur dann wirklich sinnvoll, wenn sie als Teil einer langfristigen Arbeitsmarkt- und Wirtschaftspolitik verstanden wird und gerade nicht als „Gastarbeiterprogramm" konzipiert ist, sondern über die Möglichkeit der Statusangleichung den Zuwanderern auch bei temporären Zuwanderungsprogrammen ermöglicht, dauerhaft zu bleiben (vgl. Angenendt 2008; Koppel / Plünnecke 2008).

1.3 Aufbau der Studie

Die vorliegende Studie behandelt ausschließlich die Steuerung der Zuwanderung aus ökonomischen bzw. arbeitsmarktbedingten Gründen und nimmt speziell Bezug auf Hochqualifizierte. Darüber hinaus werden für Deutschland nur Regelungen für die Zuwanderung aus dem Nicht-EU-Ausland berücksichtigt.

Die Studie hat das Ziel, die Auswirkungen von bereits existierenden Policies in dem genannten Politikfeld zu untersuchen. Daher werden die Begriffe des Politik-Zyklus-Modells in heuristischer Intention aufgegriffen, um die Programme zu beschreiben und den jeweiligen Inhalt erklärend darzustellen (vgl. Sabatier 1999). Dafür werden die gesetzlichen Programmleitlinien (und Maßnahmen) im Politikfeld Zuwanderung von Hochqualifizierten (Policy-Output) nachgezeichnet sowie deren Umsetzungen und Auswirkungen in statistischen Zahlen (Policy-Outcome) untersucht. Das Zustandekommen des Politikformulierungsprozesses wird hier nicht behandelt.

Nach dem skizzierten Praxisproblem, der bestehenden Forschungslücke und den daraus abgeleiteten Zielsetzungen wird in diesem einleitenden Kapitel der Forschungsstand sowie die begrifflichen Abgrenzungen und Definitionen dargelegt.

Im zweiten Kapitel werden dann die theoretischen und empirischen Grundlagen gelegt. Dies ist notwendig, um auf Basis theoretischer Annahmen der Humankapitaltheorie und anhand empirischer Analysen Idealannahmen für die Zuwanderung von Hochqualifizierten am erfolgreichen Beispiel USA zu erarbeiten und die Notwendigkeit einer Reform in Deutschland zu verdeutlichen. Dabei wird auf die Bedeutung der Qualifikation von Zuwanderern eingegangen, die zu erwartenden Integrations- und Wohlfahrtseffekte für Deutschland betrachtet und abschließend der Bedarf an Hochqualifizierten angedeutet.

Im dritten Kapitel wird neben der Begründung der Auswahl der Vergleichsländer das für den Programmvergleich notwendige Analysekonzept von *Dita Vogel* (1994) vorgelegt.

Im vierten Kapitel erfolgt dann eine kurze Darstellung der historischen Entwicklung der Zuwanderungspolitik der Vergleichsländer.

In den nachfolgenden Kapiteln fünf und sechs werden die Regelungen für die temporäre und permanente Zuwanderungspolitik skizziert, verglichen und bewertet.

Anschließend werden in Kapitel sieben praktische Handlungsempfehlungen für eine qualifikationsorientiert gesteuerte Zuwanderung in Deutschland formuliert und ein abschließendes Fazit beendet die Studie.

1.4 Forschungsstand

Nach *Kolb* (2002: 25f.) führt die wissenschaftliche Diskussion über die Zuwanderungspolitik von Hochqualifizierten in der Migrationsforschung Deutschlands ein „Schattendasein". Zudem sei auch die öffentliche Wahrnehmung eher auf direkte Migrationserscheinungen wie illegale Zuwanderung und Flüchtlingsbewegungen sowie auf indirekte Auswirkungen wie Integrationsherausforderungen gerichtet (vgl. Kolb 2006: 159).

Im Gegensatz dazu zeigt sich in der angelsächsischen Forschungslandschaft seit den 1960er-Jahren eine differenzierte Diskussion zur Thematik (vgl. Kolb 2002: 29). Dabei stand zunächst die Zuwanderung Hochqualifizierter in die USA und deren Abwanderung aus Großbritannien im Mittelpunkt wissenschaftlicher Untersuchungen (vgl. Tsvetkova 2006: 101).[2] Ende der 1960er-Jahre etablierte sich dann unter dem Schlagwort „*brain drain*" der erste Forschungsstrang, der den Verlust von Hochqualifizierten für das Abgabeland darstellt (vgl. Hillmann / Rudolph 1996: 2). *Adams* (1968) konnte früh das Ausmaß der Abwanderung von hochqualifizierten Personen aus Entwicklungsländern in Industrieländer aufzeigen. Vor dem Hintergrund der Dependenztheorie führten dann die Autoren wie *Senghaas* (1974), *Ghosh* (1982) und *Watanabe* (1969) die Unterentwicklung der Entwicklungsländer auch auf die Abwerbung und Aufnahme von Hochqualifizierten durch die Industrieländer zurück.

In den 1980er-Jahren rückte das Wissenschaftsinteresse dann die Mobilität von Hochqualifizierten in den Mittelpunkt. *Kolb* (2002: 11) macht dafür auch das Ende des Kalten Krieges sowie die fortschreitenden Prozesse der Globalisierung ursächlich. Infolgedessen wird die Mobilität der Hochqualifizierten im Forschungsstrang des „*brain gain*" untersucht, bei dem in erster Linie die Vorteile für das Aufnahmeland im Mittelpunkt stehen (Salt 1992; Findlay 1991, 1993).

Derzeitig wird die Thematik vom Ansatz des „*brain circulation*" dominiert, nachdem die Mobilität von Hochqualifizierten einen komplexen Prozess der

---

2 Den Ausgangspunkt dieses Forschungsstrangs stellte die Studie der Königlichen Gesellschaft Großbritanniens (vgl. Great Britain 1968) zur Abwanderung hochqualifizierten Personals in die USA aus den 1960er-Jahren dar. Die Studie sollte die Aufmerksamkeit auf die Schwächen des britischen Wissenschaftssystems lenken und sollte damit auf eine Reform in diesem Bereich drängen (vgl. Hunger 2003: 10).

Hin- und Herwanderung darstellt, der sowohl dem Aufnahmeland als auch dem Abgabeland Vorteile erbringt (vgl. Breinbauer 2005; Levitt 2001; Hunger / Thränhardt 2000).

In Deutschland kam erst in den 1990er-Jahren das Interesse für die Zuwanderung von Hochqualifizierten auf (vgl. Freund 1998). *Kolb* (2006: 159) gibt dazu Arbeiten aus der Betriebswirtschaftslehre von *Cronenberg* (1993), aus der Arbeitsforschung von *Fischer / Straubhaar* (1994) und aus der Geographie von *Lichtenberger* (1995) an. Aufgrund des anfänglichen Desinteresses der deutschen Wissenschaft an der Thematik ist deshalb auch die dominante Stellung der angelsächsischen Forschung verständlich.

Nach einem ersten Überblick zur Literatur der hier eingegrenzten Thematik kann für das Feld der Zuwanderungspolitik in Bezug auf Hochqualifizierte für beide Länder gelten, dass der Policy-Output relativ gut wissenschaftlich aufgearbeitet worden ist. Dabei stützt sich diese Studie auf die Rechercheergebnisse in den Bibliotheken der Freien Universität Berlin, der Bibliothek des Deutschen Bundestages, der Staatsbibliothek zu Berlin und auf das Internet. Analysiert wurden Monographien, Sammelbände, wissenschaftliche Untersuchungen und amtliche Veröffentlichungen sowie politische Positionspapiere und Studien von Stiftungen und forschenden Wirtschaftsinstituten.

Zum generellen Verständnis der Zuwanderungspolitik in Deutschland und den USA haben vor allem die Artikel von *Hillmann* (2000), *Dickel* (2002) und *Kolb* (2004) beigetragen. Für das Kapitel der Zuwanderungspolitik der USA waren für den historischen Überblick vor allem die Arbeiten von *Edmonston / Passel* (1994) und *Lemay* (1989) hilfreich. Zudem hat der interessante Artikel über die Zuwanderungspolitik seit den 1990er-Jahren von *Martin / Lowell* (2004) und der *Länderbericht USA* von *Palmié* (1992) einen ersten Einblick sowohl in die historische Entwicklung als auch in die gegenwärtige Ausgestaltung der Zuwanderungspolitik in den USA geliefert. Einen reichhaltigen Fundus für die verschiedenen Zuwanderungsbereiche haben dann die Arbeiten von *Boswell / Carrasco* (1992) mit der Aufstellung rechtlicher Grundlagen sowie die allgemeinen Darstellungen zur temporären und permanenten Zuwanderungspolitik von *Martin* (2003) und *Mclaughan / Salt* (2002) geboten. Zudem hat *North* (1999) detaillierte Einblicke in den Bereich der temporären Zuwanderung geliefert.

Die Arbeiten der Autoren *Hermann / Hunger* (2003) und *Hunger* (2003) haben über ihre komparatistische Ausrichtung nicht nur wesentliche

Anknüpfungspunkte für den Vergleich in dieser Studie geliefert, sondern darüber hinaus auch zu der jeweiligen Ausgestaltung der Zuwanderungspolitik in den beiden Ländern erste Einblicke gewährt.

Außerdem hat die herausragende Dissertationsschrift von *Kolb* (2004) eine umfassende Darstellung zur Green Card-Initiative geboten.

Für den historischen Überblick der Zuwanderungspolitik Deutschlands stehen vor allem die bekannten Namen zur Thematik mit *Bade* (2000) und *Hunger* (2003). Wie bereits erwähnt sind die Ausführungen von *Kolb* (2004) zur Green Card aber auch zum unternehmensinternen Fachkräftetransfer unabdingbar gewesen. Für das seit 2005 geltende Zuwanderungsrecht in Deutschland stehen *Renner* (2005), *Sauer / Heß* (2007), *Angenendt* (2008), *Schäfer* (2008), *Koppel / Plünnecke* (2008) als zentrale Autoren. Für die eigentliche Rechtslage sei auf die jeweiligen Gesetzestexte verwiesen, die auch im Internet online abrufbar sind.

Somit kann aufgrund der guten Literaturdichte die Darstellung der jeweiligen Zuwanderungspolitik in erster Linie auf Sekundärliteratur und in zweiter Linie auf Gesetzestexte gestützt werden.

Daten zu Zuwanderungszahlen für die USA wurden sowohl dem „Yearbook of Immigration Statistics" der Jahre 1997, 2003 und 2009 des *Office of Immigration Statistics* beim *Ministerium für Homeland Security* entnommen als auch dem „International Migration Outlook" der *Organisation for Economic Co-operation and Development* (OECD) der Jahre 1997 bis 2008. Statistiken, die Deutschland betreffen, wurden ebenso den OECD-Veröffentlichungen entnommen und fußen zudem auf dem „Migrationsbericht" des *Bundesministerium des Innern* der Jahre 2006 und 2009.

Für die nachfolgenden theoretischen und empirischen Grundlagen wurden die Daten, soweit nicht von der OECD und der *Bundesagentur für Arbeit*, aus den angegebenen Studien des *Instituts der deutschen Wirtschaft Köln* (IW-Köln) der Autoren *Koppel / Plünnecke* (2008; 2009) und weiterer Publikationen verwendet.

Zudem sind die Daten über die Zuwanderungszahlen seit 1950 über das *Statistische Bundesamt*, die *Bundesagentur für Arbeit* (BA) sowie dem *Ausländerzentralregister* (AZR) erhältlich.[3]

---

3 Dabei muss angemerkt werden, dass die BA nur über Daten zu sozialversicherungspflichtig Beschäftigten verfügt. Über die Gesamtzahl der

hochqualifiziert Beschäftigten kann mit Hilfe dieser Daten keine Aussage getroffen werden. Das AZR wiederum enthält alle Personen aus Drittstaaten mit entsprechendem Aufenthaltstitel, erlaubt aber, wie es auch *Sauer / Heß* (2007: 18) kritisieren, keine Unterteilung nach bestimmten Berufen oder Berufsgruppen. Es ist daher *Schäfer* (2008: 234) beizupflichten, wenn er zum Ergebnis kommt, dass die Stromgrößen der Zuwanderung nach Deutschland nur unzureichend erfasst werden.

1.5 Begriffliche Grundlagen

Für die weitere Untersuchung sollen die zentralen Begriffe der Studie kurz dargestellt werden.

1.5.1 Der Begriff *Zuwanderung*

Unter dem Begriff *Zuwanderung* werden hier sowohl kurzzeitige bzw. befristete (temporäre) als auch dauerhafte (permanente) Migrationsströme in das jeweilige Aufnahmeland verstanden. Der Begriff der Einwanderung wird hier nicht verwendet. Denn darunter werden hier ausschließlich diejenigen Migrationen verstanden, die auf einen permanenten Aufenthalt im Aufnahmeland abstellen (vgl. Stobbe 2004: 23; Sauer 2004: 12).

1.5.2 *Permanente* und *temporäre* Zuwanderung

Ferner wird unterschieden zwischen dauerhafter (permanenter) und zeitlich befristeter (temporärer) Zuwanderung. Dabei bedeutet *permanente Zuwanderung*, dass sich eine Person bis zu ihrem Lebensende in einem Land nieder lässt, dass nicht das Abgabeland ist. Unter *temporärer Zuwanderung* wird verstanden, dass sich eine Person in einem Land, das nicht das Abgabeland ist, für mindestens 12 Monate, aber nicht bis ans Lebensende nieder lässt (vgl. Sauer 2005: 18-19).

1.5.3 Definition des Begriffs *Zuwanderer*

In dieser Studie werden alle im Ausland geborenen Einwohner als *Zuwanderer* bezeichnet und alle im Inland geborenen Einwohner werden als *Einheimische* verstanden (vgl. Zimmermann / Hinte 2005: 16f.).

1.5.4 Der Begriff *Hochqualifizierte*

Zudem soll an dieser Stelle auch auf den Terminus *Hochqualifizierte* eingegangen werden. Dies erscheint insofern notwendig, da er nicht selbsterklärend ist und auch in der Literatur kein einheitliches Verständnis darüber herrscht, wer als *hochqualifiziert* gelten kann oder was unter dem Begriff *Hochqualifizierte* verstanden werden soll (vgl. Hunger 2003: 16). Der Literatur können daher verschiedene Konzepte entnommen werden.

Zum einen bietet das Konzept des *„qualified as"* der *United Nations Educational, Scientific and Cultural Organisation* (UNESCO 1997) ein enges Definitionsfeld, in dem es alle Personen mit mindestens einem ersten oder zweiten Hochschul- oder Fachhochschulabschluss oder einer vergleichbaren tertiären Ausbildung darunter subsumiert (vgl. Sauer 2004: 15).

Das Konzept des *„occupied as"* der *International Labour Organization (ILO 1990)* definiert zehn Hauptberufsgruppen, die alle einen unterschiedlichen *skill level* erhalten und dann entweder in hoch, gering oder minder Qualifizierte unterteilt werden.

Als drittes hat die OECD (1995) ein Konzept des *Human Resources devoted in Science and Technology* entwickelt und führt darin die beiden vorher genannten Konzepte zusammen und definiert erstmals im *Canberra Manual* von 1995 Personen als hochqualifiziert, die entweder eine entsprechende tertiäre Ausbildung durchlaufen haben oder in einem Beruf im Bereich der Wissenschaft und Technik sowie als leitende Angestellte tätig sind (vgl. Auriol / Sexton 2002: 17).

Diesem dritten Ansatz folgt die nachfolgende Untersuchung, da er für den Vergleich der beiden Länder eine breite Spannweite der Definition liefert und daher zielführend erscheint.

Zudem werden hier die Worte „hochqualifizierte Zuwanderer", „hochqualifizierte Fachkräfte", „hochqualifizierte Arbeitskräfte" und „Hochqualifizierte" synonym verwendet. Dies geschieht auch für die Begriffe „qualifikationsorientiert gesteuerte Zuwanderung", „ökonomisch bedingte Zuwanderung" und „Zuwanderungspolitik in Bezug auf Hochqualifizierte".

Darüber hinaus hat die vorliegende Untersuchung Frauen und Männer nicht in ebenbürtiger Weise als Akteurinnen und Akteure von Handlungen benannt. Im Sinne eines besseren Leseflusses wurde auf die Verwendung beider Geschlechtsformen der Substantive verzichtet.

Kapitel 2 Theoretische und empirische Grundlagen

In diesem Kapitel soll aufgezeigt werden, welche theoretischen und empirischen Annahmen eine qualifikationsorientiert gesteuerte Zuwanderung in Deutschland notwendig machen.

2.1 Humankapitaltheorie

Die Zuwanderung von Hochqualifizierten wird aus einem volkswirtschaftlichen Blickwinkel für das Aufnahmeland (Deutschland) als makro- und mikroökonomischer Gewinn verstanden.
  Die makroökonomische Perspektive „neuerer" Ansätze der neuen Wachstumstheorie (vgl. Romer 1986) sieht das vorhandene Humankapital innerhalb einer Gesellschaft als bedeutende Komponente für das ökonomische Wachstum.[4] Dabei wird unter Humankapital das gesamte in einer Gesellschaft vorhandene produktive Wissen und Können verstanden (vgl. Franz 2003: 74), „(...) das sich aus den in formalen Bildungsprozessen sowie durch Erfahrung erworbene(n) kognitiven und manuellen Fähigkeiten zusammensetzt" (Sauer 2004: 10).
  Vor diesem theoretischen Hintergrund soll hier die These von *Kaufmann* (2004) aufgegriffen werden, die infolge einer niedrigen Fertilität (demografischer Wandel) sowie unzureichender oder Zeit ungenauer (Aus-) Bildung der nachkommenden Generation einen Rückgang des Humankapitals in Deutschland prognostiziert. Diese Prognose wird auch in *Schaubild 1* deutlich, wenn die Verschiebung des zahlenmäßigen Verhältnisses von jüngeren zu älteren Hochqualifizierten betrachtet wird.

---

4 Traditionellen Wachstumsmodellen zufolge, wie sie aus der neoklassischen Wirtschaftstheorie hervorgegangen waren, wurde ökonomisches Wachstum hauptsächlich über Kapital und Produktion generiert (vgl. Gundlach 2001: 178).

Schaubild 1: Verhältnis von älteren und jüngeren Hochqualifizierten (Auf 100 hochqualifizierte 55 bis 64-Jährige kommen so viele hochqualifizierte 25- bis 35- Jährige)

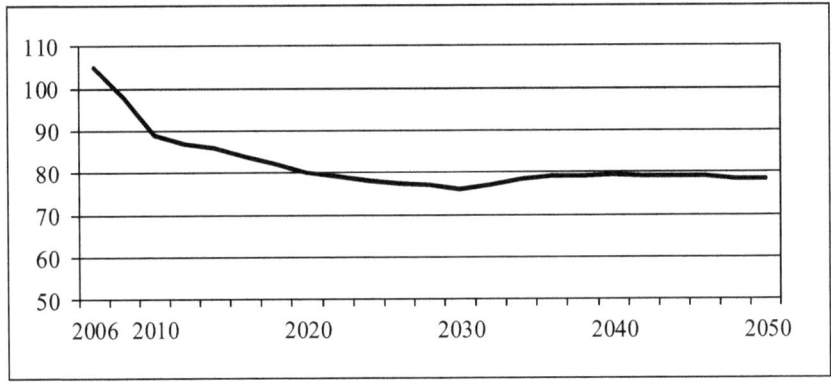

Quelle: Hülskamp / Plünnecke / Seyda (2008: 140)

Zur Kompensation dieses Humankapitalrückgangs schlägt *Kaufmann* (2004: 74) eine bessere Qualifikation der nachkommenden Generationen vor. Dieser Ansicht soll hier gar nicht widersprochen werden, vielmehr versteht sich die vorliegende Studie als Hinweis auf eine weitere Option der Kompensation des Humankapitalrückgangs. Denn im Kontext der oben dargelegten theoretischen Annahmen kann das Humankapital neben der besseren Qualifikation auch über einen Faktorimport begünstigt werden, der durch die Zuwanderung von Hochqualifizierten erreicht werden kann (vgl. Schäfer 2008: 34).

Zugleich dürfen dabei aber nicht die mikroökonomischen Positiv-Effekte durch eine Zuwanderung von Hochqualifizierten außer Acht gelassen werden. Denn der spezielle Bedarf an hochqualifiziertem Humankapital hat sich in allen industrialisierten Volkswirtschaften in den letzten drei Jahrzehnten erhöht (vgl. Koppel / Plünnecke 2009: 7). Dies ist auch aus *Schaubild 2* abzuleiten, wenn hier die Entwicklung der qualifikationsspezifischen Arbeitslosenquoten seit dem Jahr 1975 betrachtet wird. Im Gegensatz zu den anderen Qualifikationsniveaus und dem durchschnittlichen Trend ist die gleichbleibend geringe Arbeitslosenquote der Hoch- und Fachhochschulabsolventen exemplarisch für diese theoretische Aussage zu sehen.

Schaubild 2: Qualifikationsspezifische Arbeitslosenquoten von 1975 bis 2009 (in Prozent)

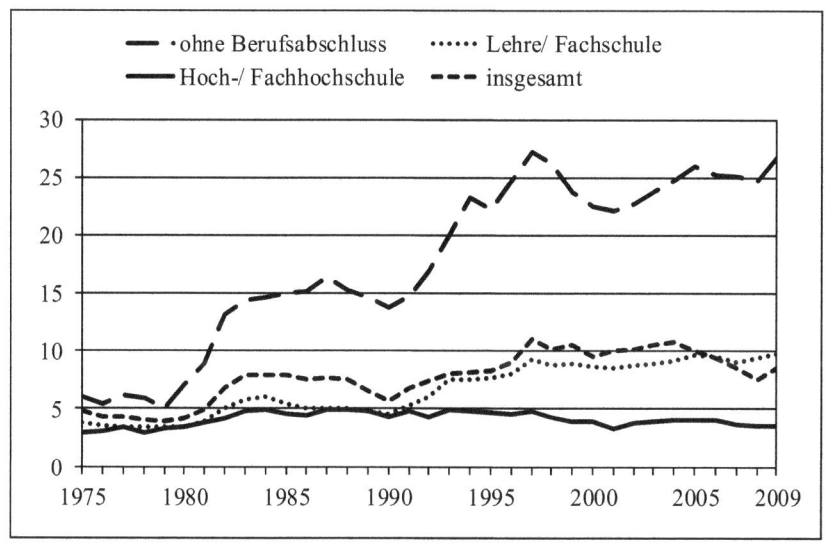

Quelle: Institut für Arbeitsmarkt- und Berufsforschung (2008c) und Bundesagentur für Arbeit (2009)

Diese Entwicklung ist vor allem auf den Megatrend moderner Industrienationen zurückzuführen, einen fortwährenden Strukturwandel hin zu einer „forschungs- und wissensintensiven Gesellschaft" (Acemoglu 2002: 9) unterworfen zu sein. Nach *Siegel* (1999) zeichnet sich dieser Strukturwandel vor allem in der Verbreitung von Informations- und Kommunikationstechnologien aus, der damit verbundenen Verdichtung von Arbeitsprozessen und der daraus resultierenden zunehmenden Nachfrage nach Hochqualifizierten.

In diesem Kontext stellt jede sofortige Verfügbarkeit von hochqualifizierten Arbeitskräften einen entscheidenden wirtschaftlichen Standortvorteil für Wachstum und Konkurrenzfähigkeit dar. Dementsprechend bedeutet im Umkehrschluss die Nichtverfügbarkeit über diese Hochqualifizierten ein Standortnachteil (vgl. Institut der deutschen Wirtschaft 2001). Wenn es dem Arbeitsmarkt weder kurz- noch mittelfristig möglich ist, einen solchen Mangel an hochqualifizierten Fachkräften auszugleichen, kann wiederum über gezielte und kurzfristige Zuwanderung der Fachkräftebedarf bereitgestellt werden (vgl. Munz / Ochel 2001: 13).

Demnach kann die Zuwanderung von Hochqualifizierten aus Sicht der Humankapitaltheorie sowohl langfristig als auch kurzfristig den Bedarf an Hochqualifizierten am Arbeitsmarkt befriedigen und darüber hinaus zur Bewältigung des Humankapitalrückgangs (demografische Herausforderung) beitragen.

In den nächsten Abschnitten soll daher nachvollzogen werden, welche ökonomischen und gesellschaftlichen Effekte die jeweilige Zuwanderungspolitik der beiden Vergleichsländer hat.

Fürs Erste soll die Bedeutung der Qualifikation von Zuwanderern nachvollzogen werden.[5]

---

5 Für eine viel detailliertere Betrachtung sei an dieser Stelle auf die Analyse von *Koppel / Plünnecke* (2008) verwiesen.

Kapitel 2 Theoretische und empirische Grundlagen 33

2.2 Bedeutung der Qualifikation der Zuwanderer

Dazu soll zunächst, wie *Koppel / Plünnecke* (2008: 16) zeigen, in *Schaubild 3* mit Daten der OECD der Zuwandereranteil der siebzehn OECD-Staaten betrachtet werden, die den höchsten Anteil bzw. Zuwachs an Zuwanderung seit 1995 aufweisen.

Schaubild 3: Entwicklung der Netto-Zuwanderung in ausgewählten OECD-Staaten

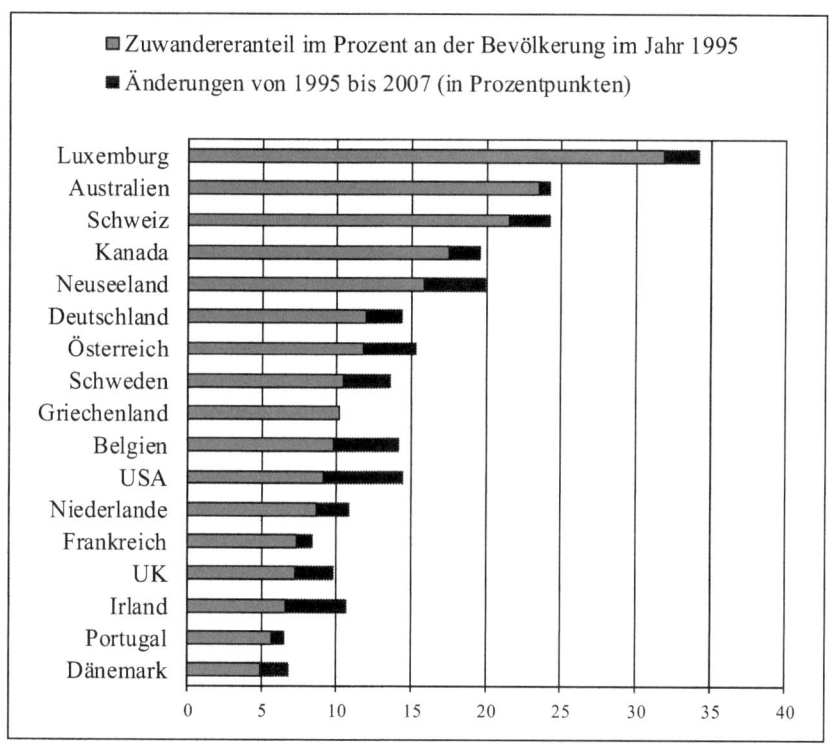

Quelle: OECD (2008b: 41)

Dabei zeigen die aufgelisteten Staaten sowohl unterschiedliche Zuwandereranteile bezogen auf die Gesamtbevölkerung im Jahr 1995 auf als auch unterschiedliche Zuwächse der Zuwanderung im Zeitraum 1995 bis 2007. Besonders für die Vergleichsländer dieser Untersuchung zeigt sich ein deutlicher Unterschied von gut drei Prozent des Anteils an Zuwanderern bezogen auf die Gesamtbevölkerung im Ausgangsjahr 1995. Wobei die USA diesen Unterschied im nachfolgenden Jahrzehnt wettmachen und sogar einen minimal höheren Anteil an Zuwanderern bezogen auf die Gesamtbevölkerung im Jahr 2007 im Vergleich zu Deutschland erreicht haben.

Schaubild 4: Qualifikationsniveau von im Ausland und Inland geborenen Einwohnern in ausgewählten OECD-Staaten (in Prozent)

	Staat	Im Ausland geborene Einwohner		Im Inland geborene Einwohner	
		Hoch-qualifizierte	Gering-qualifizierte	Hoch-qualifizierte	Gering-qualifizierte
1	Kanada	46,1	22,1	33,8	22,9
2	Australien	35,7	24,1	26,2	32,3
3	**USA**	**35,0**	**30,1**	**39,9**	**8,5**
4	UK	*34,3*	22,1	29,4	15,9
5	Schweden	*29,5*	21,7	27,3	16,8
6	Schweiz	*27,6*	29,6	27,6	7,2
7	Belgien	*25,4*	47,5	29,6	35,9
8	Niederlande	*24,2*	43,5	25,0	30,6
9	Luxemburg	*22,8*	36,7	16,0	18,3
10	Frankreich	*21,1*	51,1	23,7	32,8
11	**Deutschland**	**18,9**	**37,4**	**25,5**	**12,3**
12	Österreich	*18,5*	36,7	18,0	18,3

Quelle: OECD (2007: 133ff.)

Für die weitere Betrachtung werden hier die Staaten ausgeschlossen, die trotz hohen Zuwanderungsanteils bezogen auf die Gesamtbevölkerung ein vergleichsweise geringes Bruttoinlandsprodukt (BIP) pro Kopf (in KKP-

Kapitel 2   Theoretische und empirische Grundlagen   35

Kaufkraftparitäten Dollar) im Ausgangsjahr 1995 aufweisen.[6] Denn um das Wirtschaftswachstum später als Indikator für eine erfolgreiche Zuwanderungspolitik zu verwenden, könnten diese Länder aufgrund eines geringen Niveaus des BIP je Einwohner im Ausgangsjahr 1995 noch stark von Aufholprozessen bis 2006 profitieren. Dies würde dann die weitere Darstellung verzerren (vgl. ebd.: 18).

Bei Betrachtung des Qualifikationsniveaus von im Ausland geborenen Einwohnern (Zuwanderer) in *Schaubild 4* verbleiben somit zwölf OECD-Staaten. Unter diesen ist der Anteil der hochqualifizierten Zuwanderer in Kanada besonders hoch, gefolgt von den klassischen Zuwanderungsländern Australien und den USA.

In *Schaubild 5* wird nun die Bedeutung der Qualifikation von Zuwanderern deutlich, wenn die prozentuale Zunahme des Pro-Kopf-Einkommens im Zeitraum 1995 bis 2007 der exemplarischen OECD-Länder betrachtet wird.

Schaubild 5:   Veränderung des Pro-Kopf-Einkommens (in KPP-Dollar Kaufkraftparitäten) von 1995 bis 2007 (in Prozent)

	Staat	Prozentuale Veränderung
1	Luxemburg	51,2
2	Schweden	34,9
3	UK	32,9
4	Australien	32,4
5	Kanada	31,5
6	**USA**	**29,1**
7	Österreich	25,7
8	Belgien	25,2
9	Niederlande	24,5
10	Frankreich	20,6
11	Schweiz	18,0
12	**Deutschland**	**16,1**

Quelle: Koppel / Plünnecke (2008: 19) verweisen auf International Monetary Fund (2007)

---

6   Das sind die Staaten Neuseeland, Griechenland, Irland, Portugal und Dänemark.

Dabei unterstreichen die Veränderungen des Pro-Kopf-Einkommens die Vermutung der vorherigen theoretischen Annahme, dass eine hohe Qualifikationsstruktur der Zuwanderer einen positiven Einfluss auf die ökonomische Bilanz der Staaten hat, die auch eine qualifikationsorientiert gesteuerte Zuwanderung implementiert haben.

Und auch wenn auf Wachstumsraten des Pro-Kopf-Einkommens verschiedene andere Faktoren Einfluss nehmen, so wird doch deutlich, dass eine gesteuerte Zuwanderungspolitik in Bezug auf Hochqualifizierte die Wachstumsraten zumindest unterstützen.

Dies wird auch am Beispiel des schlechten Abschneidens von Deutschland in *Schaubild 5* deutlich. Infolge der vorher festgestellten ungünstigen Qualifikationsstruktur der im Ausland geborenen Einwohner (Zuwanderer) wird hier der Trend sichtbar, dass geringqualifizierte Zuwanderer zumal mit besonderen Integrationseffekten, nicht nur einen schlechteren Stand auf dem Arbeitsmarkt haben, sondern eine auf mittel- und geringqualifiziert ausgerichtete Zuwanderungspolitik geringere Wachstumsimpulse hervorruft und somit mittelbar geringere Auswirkungen auf das Pro-Kopf-Einkommen hat.

In diesem Zusammenhang weisen *Koppel / Plünnecke* (ebd.: 20) zudem empirisch nach, dass Staaten die höchsten Zuwachsraten aufweisen, die einen relativ hohen Anteil an hochqualifizierter Zuwanderung in Relation zu den im Inland geborenen Einwohnern haben. Dazu stellen die beiden Autoren fest:

„Für die Auswirkung der Zuwanderung auf das BIP-Wachstum ist folglich nicht nur die Höhe der Zuwanderung entscheidend. Wichtig scheint vielmehr die Qualifikationsstruktur zu sein. Mit einem relativ zur bisherigen Bevölkerung hohen Anteil an hochqualifizierten Zuwanderern steigt tendenziell die Wachstumsdynamik des Bruttoinlandsproduktes je Einwohner an" (ebd.).

Daher können auch die USA neben den klassischen Einwanderungsländern Australien und Kanada eine fast 30-prozentige Zunahme des BIP aufweisen.

Somit konnte der positive Zusammenhang zwischen Qualifikationsniveau und BIP-Wachstum, wie im vorigen Abschnitt über die Humankapitaltheorie angedeutet wurde hier anhand einiger Charakteristika exemplarisch am Vergleichsland USA festgestellt werden.

2.3 Integrationsleistungen

Um darüber hinaus auch kurz auf die Integrationseffekte einzugehen, zeigt sich in Ländern mit einer qualifikationsorientiert gesteuerten Zuwanderungspolitik, dass es zu weniger bis keinen Integrationseffekten bei hochqualifizierten Zuwanderern kommt. Vielmehr schneiden in Ländern wie Kanada, Australien und den USA die Nachfahren der Zuwanderer in der zweiten Generation deutlich besser ab als die Nachfahren von Einheimischen (vgl. Havemann / Wolfe 1995: 1234; Koppel / Plünnecke 2008: 42). Dies wird in *Schaubild 6* über die qualifikationsbereinigten Zahlen deutlich.

Schaubild 6: Differenz der Punktezahl aus den PISA-Ergebnissen bei Kindern von Zuwanderern und Einheimischen im Fach Mathematik

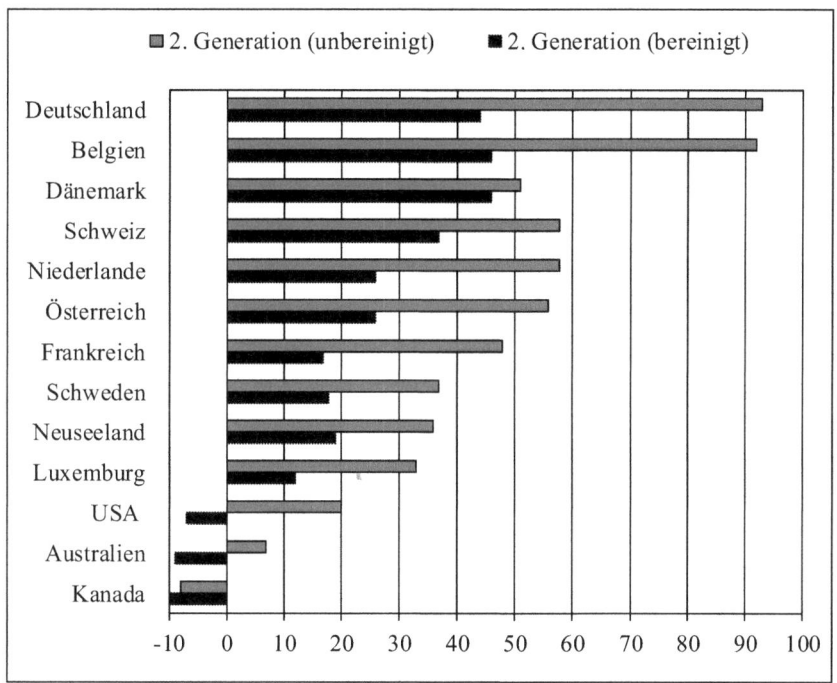

Quelle: OECD (2008b: 41)

Für Deutschland zeigt sich genau das Gegenteil aufgrund der Tatsache, dass traditionell die Zuwanderung hauptsächlich auf Mittel- und Geringqualifizierte ausgerichtet wurde. Das in frühen Schuljahren stark sozial selektierende Bildungssystem (vgl. Angenendt 2007: 35) paart sich mit diesem Phänomen und heraus kommt das vergleichsweise schlechte Abschneiden der Nachfahren von Zuwanderern.

Damit zeigt sich auch an diesem Beispiel zu den Integrationseffekten für Deutschland, ein negativer Ausschlag und für die USA eine positive Entwicklung. Die zu Beginn dieser Untersuchung aufgestellten Indikatoren für eine erfolgreiche Zuwanderungspolitik konnten somit für die USA festgestellt werden. Für die weitere Untersuchung können die USA daher als Vorbild dienen.

Kapitel 2   Theoretische und empirische Grundlagen   39

2.4 Mögliche Wohlfahrtseffekte für Deutschland

Nach den vorherigen Ergebnissen soll an dieser Stelle zudem aufgezeigt werden, welchen Einfluss der Faktor Zuwanderung (netto) auf das Wachstum des BIP pro Einwohner in Deutschland haben könnte. Auch wenn dabei hier auf Datenmaterial aus dem Jahr 2003/04 vom Sachverständigenrat zur Begutachtung der gesamtwirtschaftlichen Entwicklung (SVR) – vor der Wirtschafts- und Finanzkrise – zurückgegriffen wird, soll eine kurze Darstellung der Annahmen erfolgen, um Idealannahmen zu Positiv-Effekten einer qualifikationsorientiert gesteuerten Zuwanderungspolitik für Deutschland zu verdeutlichen.

Schaubild 7: Unterschiedliche Zuwanderungsszenarien und mögliche BIP-Wachstumsraten für Deutschland

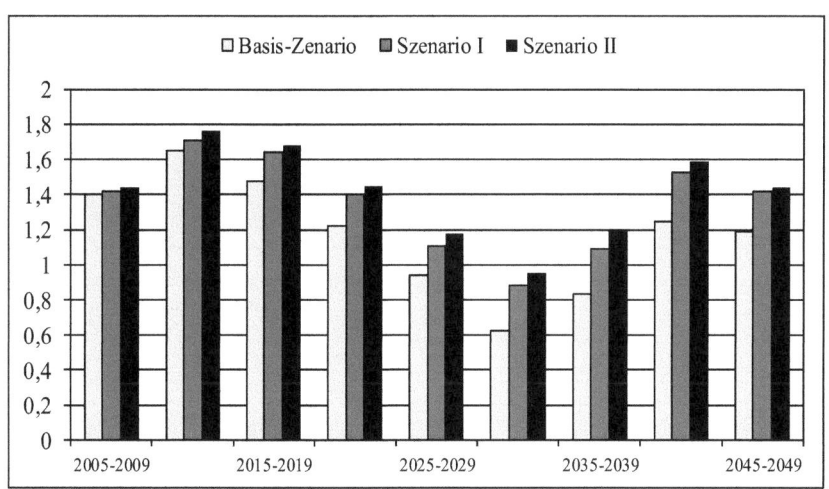

Basisszenario: Jährliche Zuwanderung von 100.000 Personen (Geringqualifizierte)
Szenario I: Jährliche Zuwanderung von 200.000 Personen (Geringqualifizierte)
Szenario II: Jährliche Zuwanderung von 200.000 Personen (Hochqualifizierte)

Quelle: Koppel / Plünnecke (2008: 25)

Nach dem Modell von *Koppel / Plünnecke* (2008: 24f.), *Schaubild 7*, steigt im Szenario I die jährliche Wachstumsrate durch eine Erhöhung der Zuwanderung von 100.000 auf 200.000 um mindestens 0,2 Prozentpunkte bei bleibender Ausrichtung der Zuwanderung auf Geringqualifizierte. Wenn dann auch noch die vorherigen theoretischen Annahmen berücksichtigt werden, und die Zuwanderung auf Hochqualifizierte ausgerichtet wird, dann steigt in Szenario II die jährliche Wachstumsrate um weitere 0,1 Prozent.

Bei Betrachtung der prognostizierten schwierigen demografischen Phase zwischen 2025 und 2039 zeichnet sich in Szenario II sogar eine jährliche Steigerung der Wachstumsrate von gut 0,6 bis 0,9 Prozent ab. Wie die Autoren zudem errechnet haben, ist bei dieser gesteuerten Zuwanderung (Szenario II) in zehn Jahren mit einem prognostizierten Wertschöpfungszuwachs von 34 Milliarden Euro und in 20 Jahren von bereits 102 Milliarden Euro zu rechnen (vgl. ebd: 25-26).

Schaubild 8: BIP-Zuwachs bei unterschiedlichen Zuwanderungsszenarien (in Euro pro Einwohner)

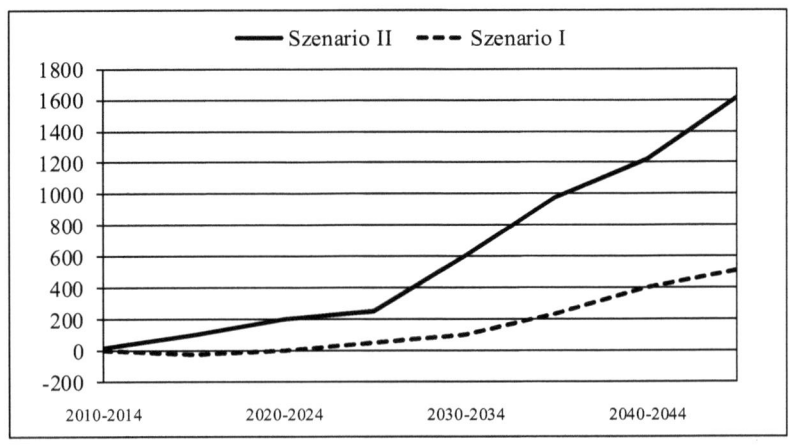

Szenario I: Jährliche Zuwanderung von 200.000 Personen (Geringqualifizierte)
Szenario II: Jährliche Zuwanderung von 200.000 Personen (Hochqualifizierte)

Quelle: Plünnecke / Seyda (2007: 36)

Aus *Schaubild 8* kann daher entnommen werden, dass bei einer qualifikationsorientiert gesteuerten Zuwanderungspolitik mit einer Nettozuwanderung von 200.000 Hochqualifizierten pro Jahr sich das BIP je Einwohner in Szenario II im Jahr 2050 um rund 1.600 EUR pro Einwohner erhöht. Bei einer gleichbleibend auf Geringqualifizierte ausgerichteten Zuwanderung von 200.000 Personen pro Jahr (Szenario I) wäre die Erhöhung nicht einmal bei einem Drittel mit 500 Euro zu veranschlagen (vgl. Plünnecke / Seyda 2007: 38).

Auch diese kurze Darstellung unterstreicht damit die theoretisch vorgetragenen ökonomischen Positiv-Effekte einer qualifikationsorientiert gesteuerten Zuwanderung für Deutschland. Darüber hinaus kann die jährliche Zuwanderungszahl der Prognose von 200.000 Personen als weitere Referenzgröße fungieren, um die gegenwärtigen Zuwanderungszahlen von Hochqualifizierten bewerten zu können.

Abschließend soll aber noch auf den bereits existierenden Fachkräftemangel in Deutschland eingegangen werden.

2.5 Bedarf an Hochqualifizierten

Der demografische Wandel wird die Wirtschaftsleistung in Deutschland in den kommenden Jahren vor große Herausforderungen stellen. Diese Entwicklung wird vor allem das Angebot von Hochqualifizierten verknappen, so dass in verschiedenen Arbeitsmarktsegmenten ein Fachkräftemangel entstehen wird (vgl. Bonin / Schneider / Quinke / Arens 2007: 39). Da Hochqualifizierte wiederum aus Sicht von Unternehmen von besonderer Bedeutung sind, um den Strukturwandel hin zu einer „forschungs- und wissensintensiven" Produktion (Acemoglu 2002) zu gewährleisten, hat eine im April 2009 erschienene Studie des *Instituts der deutschen Wirtschaft Köln* (IW-Köln) für das *Bundeswirtschaftsministerium* (BMWi) gezeigt, dass ein festgestellter Fachkräftemangel bereits im Jahr 2006 zu einem Wertschöpfungsverlust in zweistelliger Milliardenhöhe in Deutschland geführt hat (vgl. Koppel / Plünnecke 2009: 30).

Nach *Koppel* (2008: 26) ist dieser Mangel seit Jahren vor allem bei den Berufsgruppen mit der Qualifikation in *M*athematik, *I*nformatik, *N*aturwissenschaften und *T*echnik vorzufinden. Der Fachkräftemangel dieser sogenannten *MINT*-Qualifikationen hat somit bereits heute negative Auswirkungen auf das gesamtwirtschaftliche Wachstum.

Auch wenn ein Fachkräftemangel in diesen Qualifikationssegmenten teilweise immer auch konjunkturell bedingt ist, wird sich dieser nach *Koppel / Plünnecke* (2009: 5) und einem Positionspapier der *Deutschen Akademie der Technikwissenschaften* (Acatech 2009) durch den Trend zur Hochqualifikation und durch den demografischen Wandel verfestigen.

Vor allem stellen *Koppel / Plünnecke* (ebd.) in ihrem Gutachten für das BMWi einen substanziellen Nachfragezuwachs im Segment hochqualifizierter Fachkräfte fest.

Zudem konnten bereits vor fünf Jahren *Allmendinger / Schreyer* (2005: 34) einen signifikanten Anstieg von 43 Prozent der Erwerbstätigkeit von Personen mit Hochschulabschluss gegenüber dem Jahr 1991 ausmachen. Für den gleichen Zeitraum machen *Koppel / Plünnecke* (2009: 9f.) zugleich eine Verknappung des Arbeitskräfteangebots im Segment der MINT-Qualifikationen aus. Und auch wenn sich ein Anstieg der Hochschulabsolventen in diesem Segment abzeichnet, kann dieser nach gegenwärtigen Prognosen die gestiegene Nachfrage nicht kompensieren (vgl. ebd: 40f.).

44   Kapitel 2   Theoretische und empirische Grundlagen

Daher haben das *Institut für Arbeitsmarkt und Berufsforschung* (IAB) der *Bundesagentur für Arbeit* (2008a) in einem Gutachten und das *Bundesministerium für Bildung und Forschung* (BMBF 2007) in einem Bericht im Jahr 2007 aufgezeigt, dass die MINT-Berufe auch deutlich stärker von den vergangenen positiven Entwicklungen am Arbeitsmarkt profitieren konnten. Dies führte, so das IAB-Gutachten (2008b), zu einem Fachkräftemangel insbesondere im Bereich verschiedener MINT-Qualifikationen.

Vor diesem Hintergrund werden in *Schaubild 9* ausgewählte Berufe entsprechend dem Knappheitsverhältnis von Fachkräfteangebot und -nachfrage für das Jahr 2008 ersichtlich.

Schaubild 9:   Berufsgruppen von Hochqualifizierten (arbeitslos gemeldete Person je offene Stelle)

Berufsgruppe	Arbeitslose je offene Stelle
Ingenieure	**0,6**
Ärzte	1,1
Techniker	**1,5**
Datenverarbeitungsfachleute	**2,4**
Sozialarbeiter, Sozialpfleger	2,2
Hochschullehrer, Dozenten	3,1
Physiker, Mathematiker	5,4
Lehrer	5,1
Wirtschafts-/ Sozialwissenschaftler	6,8
Rechtsanwälte	9,8
Geisteswissenschaftler	13,4
Musiker	37,7

Quelle: Bundesagentur für Arbeit (2009a)

Dabei wird deutlich, dass sich die gute Relation Arbeitslose je offene Stelle[7] – vor allem auf die MINT-Qualifikationen (fett gedruckt) konzentriert und keinesfalls auf alle hochqualifizierten Arbeitskräftesegmente zutrifft. Vielmehr weisen die Berufsgruppen wie Geisteswissenschaftler bzw. Sozialwissenschaftler oder auch Rechtsanwälte, für 2008 eine gute Arbeitsmarktverfügbarkeit entsprechender Fachkräfte gegenüber den Vakanzen auf (vgl. Koppel / Plünnecke 2009: 13).

Vor diesem Hintergrund wird nachfolgend ausschließlich die Fachkräftesituation ausgewählter MINT-Qualifikationsberufe dargestellt. Nach *Koppel / Plünnecke* liegt ein Fachkräftemangel dann vor,

„(...) wenn es nicht möglich ist, offene Stellen qualifikationsadäquat, das heißt mit Bewerbern aus der entsprechenden Berufsordnung zu besetzen. Diese Situation ist dann gegeben, wenn die gesamtwirtschaftliche Arbeitskräftenachfrage innerhalb einer Berufsordnung das zugehörige gesamtwirtschaftliche Arbeitskräfteangebot übersteigt." (ebd.: 13)

Im Kontext dieser Definition werden im Folgenden die Fachkräftesituation und ein eventueller Fachkräftemangel für drei MINT-Berufe exemplarisch dargestellt.

---

[7] Für die weiteren Interpretationen muss aber beachtet werden, dass durchschnittlich nur jede dritte Stelle der BA tatsächlich als Vakanz gemeldet wird (vgl. BA 2008b: 12; BA 2008c: 1).

Schaubild 10: Entwicklung von Fachkräfteangebot und -nachfrage für Ingenieure seit 2002

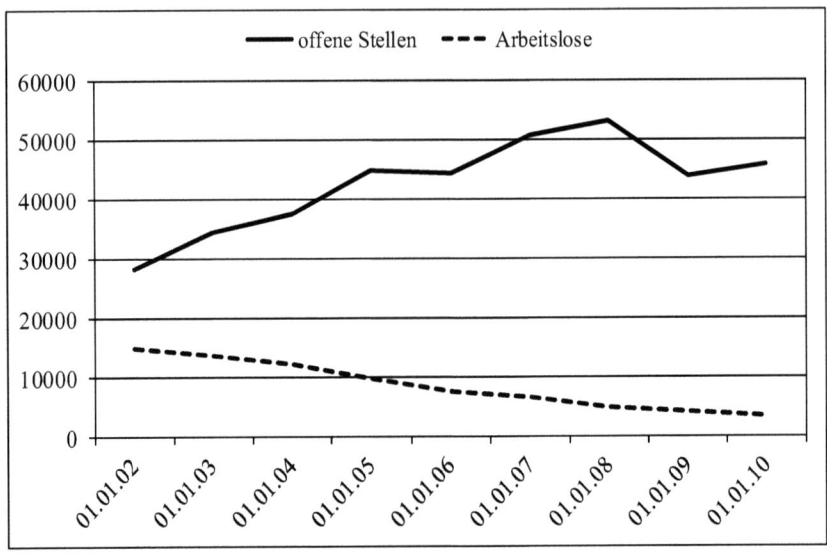

Quelle: Bundesagentur für Arbeit (2009b)

In *Schaubild 10* ist die Entwicklung des Angebots bzw. der Nachfrage in der Berufsgruppe der *Ingenieure*[8] seit 2002 abgebildet. Dabei ist die Arbeitslosigkeit um 73 Prozent zurückgegangen und zudem haben die gemeldeten Vakanzen im selben Zeitraum um rund 13 Prozent zugenommen. Auch wenn von Mitte 2008 bis Mitte 2009 im Vergleich zum vorherigen Zeitraum das gesamtwirtschaftliche Stellenangebot deutlich gesunken war, so ist doch die Zahl der arbeitslos gemeldeten Ingenieure im Vergleich seit 2002 durchgehend gesunken. Damit hat sich in dieser Berufsgruppe ein gravierender Fachkräftemangel entwickelt.

---

8 Zu der Berufsgruppe der Ingenieure zählen nach der Bundesagentur für Arbeit (2008b: 133) Elektroingenieure, Maschinen- und Fahrzeugbauingenieure, Architekten und Bauingenieure, Bergbau-, Hütten und Gießereiingenieure, Vermessungsingenieure sowie sonstige Ingenieure.

Kapitel 2   Theoretische und empirische Grundlagen   47

Schaubild 11: Entwicklung von Fachkräfteangebot und -nachfrage für Techniker seit 2002

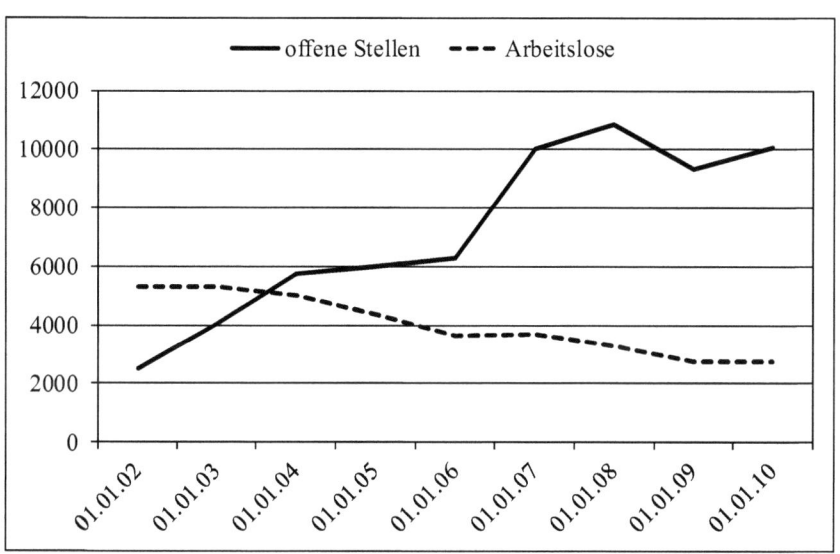

Quelle: Bundesagentur für Arbeit (2009b)

Schaubild 11 zeigt die Zeitreihen des Stellenangebots und der arbeitslos gemeldeten Personen der Berufsgruppe *Techniker*[9]. Hier zeigt sich eine völlig andere Ausgangslage als bei den Ingenieuren. Für Mitte 2002 war ein Angebotsüberhang zu verzeichnen, der sich kontinuierlich reduziert hat und seit der zweiten Hälfte des Jahres 2004 in einen Fachkräftemangel umgeschlagen ist. Auch diese Berufsgruppe hat 2008 eine leichte Dämpfung im Angebot der offenen Stellen erfahren. Gleichwohl ist auch hier die Zahl der arbeitslos gemeldeten Techniker seit 2002 fast durchgehend gesunken.

---

9   Zu der Berufsgruppe der Techniker gehören nach der Bundesagentur für Arbeit (2008b: 23) Bautechniker, Chemietechniker, Maschinenbautechniker, Techniker des Elektrofachs, Vermessungstechniker, Bergbau- und Gießereitechniker, sonstige Techniker sowie Industrie- und Werksmeister.

Schaubild 12: Entwicklung von Fachkräfteangebot und -nachfrage für Datenverarbeitungsfachleute seit 2002

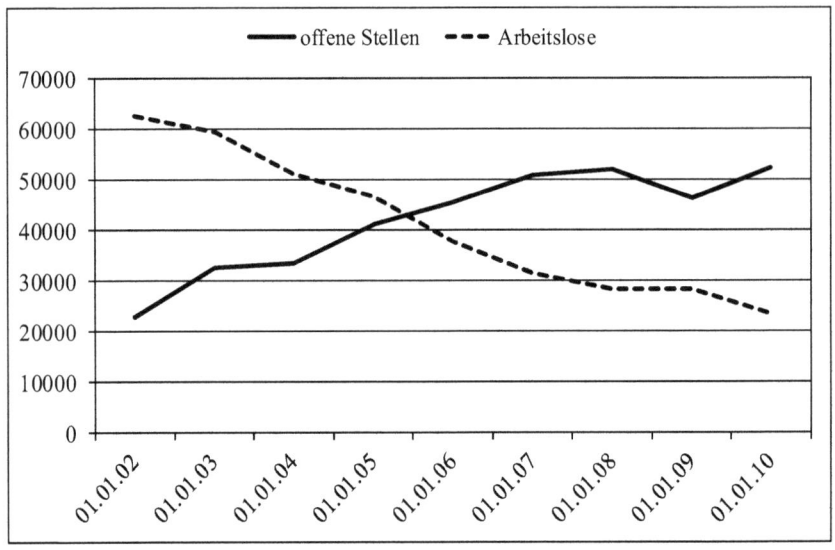

Quelle: Bundesagentur für Arbeit (2009b)

Eine ähnliche Entwicklung lässt sich auch bei der Berufsgruppe der *Datenverarbeitungsfachleute*[10] in *Schaubild 12* beobachten. Zunächst zeigt sich ein deutlicher Fachkräfteüberhang, der aber - wie bei den Technikern - ab 2006 in einen Fachkräftemangel umschlägt. Auch dieser hat sich mit Ausnahme der leichten Delle im Jahr 2008 deutlich vergrößert, womit auch in der Berufsgruppe der Datenverarbeitungsfachleute ein signifikanter Fachkräftemangel entstanden ist, der sich wiederum in den kommenden Jahren verschärfen wird (vgl. Acatech 2009).

---

10 Zu der Berufsklasse der Datenverarbeitungsfachleute werden vor allem Informatiker gerechnet (vgl. BA 2008b).

Für die weiteren Berufsgruppen der MINT-Qualifikationen haben *Koppel / Plünnecke* (2009) auf dem Stand von Juli 2008 einen Fachkräftemangel von 143.740 Personen[11] errechnet. Aber nicht nur dies ist ein alarmierender Befund. *Bonin / Schneider / Quinke / Arens* (2007: 31) haben einen deutlichen Anstieg der Fachkräftenachfrage bis 2020 für Deutschland prognostiziert. Dieser Anstieg ist aus *Schaubild 13* zu entnehmen und macht einmal mehr die Notwendigkeit einer qualifikationsorientiert gesteuerten Zuwanderungspolitik für Deutschland deutlich.

Schaubild 13: Prognose von Fachkräfteangebot und - nachfrage in MINT-Berufen von 2010 bis 2020

Jahr	MINT-Absolventen	MINT-Bedarf	Saldo	Prozent
2010	86750	95429	8679	10,0
2011	87574	103200	15656	17,8
2012	86116	103200	17084	19,8
2013	86972	103200	16228	18,7
2014	88050	103200	15150	17,2
2015	89033	103200	14167	15,9
2016	88969	113200	24231	27,2
2017	89350	113200	23850	26,7
2018	89413	113200	23787	26,6
2019	89381	113200	23819	26,6
2020	87923	113200	25277	28,7
Insgesamt	**969531**	**1177429**	**207928**	

Quelle: Bonin / Schneider / Quinke / Arens (2007)

---

11   Für die detaillierte Betrachtung weiterer Berufsgruppen der MINT-Qualifikationen sei auf die Untersuchung von *Koppel / Plünnecke* (2009) und die Gutachten der *Bundesagentur für Arbeit* (2008a; b; c) verwiesen.

Alle volkswirtschaftlichen Prognosen über das Fachkräfteangebot bzw. den Fachkräftemangel im Bereich Hochqualifikation (vor allem den MINT-Qualifikationen) erwarten daher auch für die kommenden Jahrzehnte bereits mittelfristig einen gravierenden Fachkräftemangel (vgl. Acatech 2009, Koppel / Plünnecke 2009). Gleichwohl sind die langfristigen Arbeitsmarkprognosen mit Vorsicht zu bewerten (vgl. Fuchs / Schnur / Zika 2005: 3). Denn auch die vergangene Finanz- und Wirtschaftskrise lässt weiterhin viele gradlinig hochgerechnete Prognosen fragwürdig erscheinen.

Dessen ungeachtet war es Ziel dieses Abschnitts, die Positiv-Effekte einer qualifikationsorientiert gesteuerten Zuwanderung darzulegen und die Notwendigkeit ihrer Implementierung in Deutschland aufzuzeigen. Daher kann für die nachfolgende Untersuchung festgehalten werden, dass das in diesen Punkten erfolgreiche Land USA als Vorbild für eine qualifikationsorientiert gesteuerte Zuwanderung gelten kann. Im Gegensatz dazu ist die Zuwanderungspolitik Deutschlands in mehrfachem Sinn ökonomisch negativ, da sie traditionell auf Mittel- und Geringqualifizierte ausgerichtet ist und daher weniger das Wirtschaftswachstum begünstigt, zudem höhere Integrationseffekte verursacht, und durch das Ausbleiben von Hochqualifizierten ein bestehender Fachkräftemangel, wie der hier in den MINT-Qualifikationen exemplarisch festgestellte, nicht kurzfristig behebt.

Kapitel 3 Methode

Methodisch soll die nachfolgende Untersuchung über einen Vergleich das Lernen vom erfolgreichen Land USA ermöglichen. Dies erscheint hilfreich, um Defizite der nationalen Politik in Deutschland aufzuzeigen (vgl. Eichhorst / Profit / Thode 2001: 2).

Gleichwohl kann ein Vergleich keine Ergebnisse in ihrer Gänze vorhersehen, da vergleichendes Lernen nur unter der Berücksichtigung der jeweiligen nationalen Besonderheiten möglich ist. Deshalb muss der Vergleich auch immer unter der Einschränkung stattfinden, dass Maßnahmen im Land X bei Übertragung in Land Y nicht zwangsläufig dieselbe Wirkung entfalten müssen (vgl. ebd. 4).

In diesem Sinne wird nun die Auswahl der Vergleichsländer begründet und abschließend ein Analyseansatz präsentiert, der den Vergleich erst möglich macht.

3.1 Auswahl der Vergleichsländer

Mit den Vereinigten Staaten von Amerika und der Bundesrepublik Deutschland sind zwei Länder ausgewählt worden, die eine konvergente Entwicklung in einigen Feldern der Zuwanderungspolitik aufweisen aber zu unterschiedlichen Migrationssystemen gezählt werden (vgl. Hunger 2003: 6; Santel 2003: 181).

Neben den USA gelten auch Länder wie Australien, Großbritannien oder Kanada als klassische Zuwanderungsländer und hätten somit auch als Vergleichsland herhalten können. Die USA wurden hier den anderen genannten vorgezogen, da sie die längste Erfahrung bezüglich der Zuwanderung in Bezug auf Hochqualifizierte aufweisen und vor allem auch deshalb, weil die zuwanderungspolitischen Steuerungsinstrumente in einigen Ausgestaltungen denen Deutschlands ähneln und somit besser vergleichbar sind. Beispielsweise hat Kanada ein Punktesystem, Großbritannien wirbt erst seit 2000 mit detaillierten Programmen Hochqualifizierte gezielt an (vgl. Salt 2002: 14), und auch Australien hat die Zuwanderung von Hochqualifizierten erst Ende der 1990-Jahre gezielt begünstigt (vgl. Hunger 2003: 7).

Darüber hinaus weisen einige Bereiche der Vergleichsländer – wie historische Entwicklung und rechtliche Regelungen – bei der Zuwanderung Gemeinsamkeiten auf, woraus die Idee entstand, anhand der USA die Zuwanderungspolitik in Bezug auf Hochqualifizierte in Deutschland zu untersuchen.

Denn beide Staaten sind die OECD-Mitglieder mit den meisten legalen Zuwanderern in den 1990er-Jahren (vgl. International Organization for Migration 2000: 190, 242), und der überwiegende Teil der hochqualifizierten Zuwanderer erhält zunächst einen temporären Aufenthaltsstatus[12] (vgl. Stobbe 2004: 69). Zudem zeichnen sich beide Zuwanderungspolitiken darin aus, dass auch über die 1990er-Jahre hinaus nur ein geringer Teil der Zuwanderer gezielt angeworben wurde (z.B. Hochqualifizierte) und ein großer Teil „unerwünschte", wie Flüchtlinge oder Familienangehörige waren (vgl. Woodrow/ Lafield 1999: 19; Müller 2000: 23; International Organization for Migration 2000: 197, 242). Obendrein wurde bereits in *Schaubild 3* auf *Seite 33* deutlich, dass die beiden Länder einen ähnlich hohen Anteil an Zuwanderern in Bezug auf die Gesamtbevölkerung aufweisen.

---

12 Unter Berücksichtigung des vergangenen Green Card-Programms in Deutschland.

3.2 Steuerungskonzept von Dita Vogel

Die Fähigkeit des Staates zur Steuerung der Zuwanderung wird in der Literatur äußerst unterschiedlich betrachtet. Nach klassischen Migrationstheorien (vgl. Massey et al. 1993) wird diese vor allem als Abwehr von Zuwanderung verstanden, was daher kommt, dass sich diese Ansätze überwiegend auf Zuwanderung von Armutsflüchtlingen konzentrieren. *Mahroum* (2001) macht aber darauf aufmerksam, dass es sich beim Blick auf die Zuwanderung von Hochqualifizierten nicht um eine angebotsbedingte, sondern um eine nachfragebedingte Steuerung handelt. Demnach wird auch nach *Kolb / Hunger* (2001: 162) der Zuwanderungspolitik in Bezug auf Hochqualifizierte in erster Linie eine Anwerbefunktion zugesprochen.

Diesem Forschungsstrang ist die vorliegende Untersuchung zuzuordnen. Deshalb soll hier auch ein Analyseansatz herangezogen werden, der die theoretische Steuerungsmöglichkeit des Staates im Bereich der Zuwanderungspolitik verdeutlicht.

Dita Vogel hat 1994 einen Analyseansatz konzipiert, der für die weitere Untersuchung äußerst nützlich erscheint. Die klare und knappe Differenzierung zur Untersuchung der theoretischen Steuerungsmöglichkeiten des Staates im Bereich der Zuwanderungspolitik erscheint geeignet, die gesetzlichen Programmleitlinien (Policy-Output) der Vergleichsländer darzustellen und anhand der Differenzierung in sechs zuwanderungspolitische Steuerungsinstrumente zu vergleichen.

Diese sechs Elemente des Analyseansatzes nach *Vogel* (1994: 227- 248) sind:

(a) Präferenzkategoriensystem:

Stellt das bildliche Eingangstor für Zuwanderer dar und legt fest welche Bedingungen erfüllt werden müssen, wer als Zuwanderer überhaupt in Frage kommt. So können nach Vogel ökonomische Kategorien aufgestellt werden, indem besonders die Zuwanderung von hochqualifizierten Arbeitskräften ermöglicht wird (vgl. 1994: 230). Obendrein können diese mit arbeitsmarktorientierten Kategorien kombiniert werden, indem die Zuwanderer einen Arbeitsplatz nur nach dem Inländerprimat-Prinzip besetzen können oder für einen bestimmten Beschäftigungssektor Qualifikationen besitzen, in denen ein Fachkräftemangel besteht (ebd.: 231).

(b) Mengenkontingentierung:

Stellt die explizit festgelegte Zahl an Zuwanderer in einer Periode dar (vgl. ebd.). Dies sind zumeist Obergrenzen oder Quoten für ein Zuwanderungsprogramm, die in Stückzahlen die jährlich auszugebenden Aufenthaltstitel begrenzen.

(c) Zeitkontingentierung:

Dieses Instrument stellt eine befristete Aufenthaltsgenehmigung, ohne Verlängerungsmöglichkeit dar. Es wird demnach eine Rückreiseverpflichtung oder gegebenenfalls eine Wiedereinreisesperre nach festgelegter Aufenthaltszeit bestimmt (vgl. ebd.).

(d) Auflagensteuerung:

Hiermit werden die Bedingungen bestimmt, unter denen Zuwanderern der Aufenthalt gestattet wird. Im Gegensatz zur Zeitkontingentierung, die eine Rückkehrverpflichtung ins Abgabeland vorsieht, bedeuten Aufenthaltsauflagen eine bedingte Rückreiseverpflichtung. Jedoch, „(...) wer die Auflagen nicht oder nicht mehr erfüllt, kann ausgewiesen werden." (ebd.) Beispielsweise kann die Aufenthaltsgenehmigung an einen Arbeitsplatz gebunden sein, dessen Verlust eine Verwirkung der Aufenthaltsgenehmigung zur Folge hätte. Zudem werden als weitere Auflagen Bedingungen und Voraussetzungen an die Arbeitgeberseite verstanden.

(e) Statusdifferenzierung:

Damit können den Zuwanderern andere Rechte und Pflichten (als Einheimischen) auferlegt werden (vgl. ebd.: 233). Beispielsweise können Zuwanderer von ausgewählten Sozialleistungen ausgeschlossen oder ihnen kann ein spezieller Anspruch auf Integrationsmaßnahmen zugestanden werden.

(f) Statusangleichung:

Regelt die Ansprüche, die Bedingungen und Zeitspanne, nach denen Zuwanderer den gleichen Status wie Einheimische erreichen können (vgl. ebd.). Beispielsweise über eine temporäre unbefristete und nicht durch Auflagen eingeschränkte Niederlassungserlaubnis.

Die nachfolgende Untersuchung wird sich bis auf das Element *Statusdifferenzierung* auf alle anderen Instrumente nach *Vogel* stützen.

Kapitel 4 Historische Entwicklung der Zuwanderungspolitik

In der Bestandsaufnahme der zuwanderungspolitischen Steuerungsinstrumente in Deutschland und den USA soll der Vergleich zunächst die historischen Entwicklungen der Zuwanderungspolitik nachzeichnen.
Für Deutschland wird dabei auf die gesamte Zuwanderungsentwicklung eingegangen. Für die USA wird ausschließlich die Kategorie der arbeitsmarktbedingten Zuwanderung, unter Bezug auf Hochqualifizierte, betrachtet.

4.1 USA

Die USA gelten in der Literatur als das weltweit wichtigste Zuwanderungsland (vgl. Straubhaar 2000: 8; Palmié 1992: 324) und sind auch quantitativ das bevorzugte Zielland von Hochqualifizierten (vgl. OECD 2008a: 35-36).
Dabei erfolgte die Zuwanderung der USA bis zum *Immigration Act* von 1965[13] äußerst unkontrolliert (vgl. Lemay 1989: 2; Martin / Lowell 2004: 19). Die Reform Mitte der 1960er-Jahre schaffte die bis heute wirksame Unterscheidung in dauerhafte (immigrants) und temporäre (non-immigrants) Zuwanderung (vgl. Palmié 1992: 332). Nach *Hunger* (2003: 34) wurde damit der „(...) wichtigste Grundstein der US-amerikanischen Einwanderungspolitik in Bezug auf Hochqualifizierte (...)" gelegt. Im Zentrum der Reform stand ein Präferenzsystem, dessen Kriterien die Vergabe eines permanenten Aufenthaltsstatus (Green Card bzw. *permanent resident card*) nicht mehr an die Herkunft knüpfte, sondern an Verwandtschaftsbeziehungen zu US-Bürgern und eben die berufliche Qualifikation der potentiellen Zuwanderer (vgl. Edmonston / Passel 1994: 7).

---

13 Immigration and Nationality Act, 79 Statutes- at- Large 911, 1965.

58   Kapitel 4   Historische Entwicklung der Zuwanderungspolitik

In *Schaubild 14* kann die Entwicklung der permanenten Zuwanderung nachvollzogen werden. Dabei fällt auf, dass die hier im Zentrum der Betrachtung stehende arbeitsmarktbedingte Zuwanderung (employed-based) erst in den 1990er-Jahren deutlich zugenommen hat, aber mit einem Anteil von 15 bis 20 Prozent noch immer hinter der Zuwanderung zwecks Familienzusammenführung zurückbleibt.

Schaubild 14: Permanente Zuwanderung in die USA ab 1970 (in Personen / total)

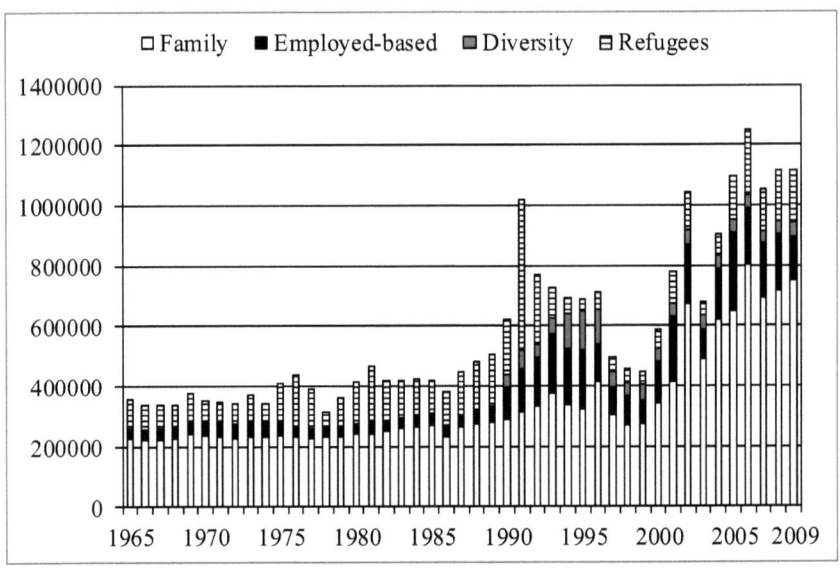

Quelle: The Office of Immigration Statistics (OIS),
           Yearbook of Immigration Statistics (1997; 2003; 2009)

Neben der permanenten Zuwanderung wurde 1965 mit dem H-1-Visum eine Kategorie für die Möglichkeit der temporären Zuwanderung geschaffen. Darüber wurde zunächst ein zeitlich befristeter Aufenthaltsstatus aus Beschäftigungsgründen vergeben, der jedoch die Rückkehr ins Abgabeland nach Fristablauf forderte (vgl. Hermann / Hunger 2003: 84).

Kapitel 4 Historische Entwicklung der Zuwanderungspolitik   59

Nachfolgende Gesetzesänderungen bauten auf diesem Gerüst der permanenten und temporären Zuwanderung auf und verfeinerten die jeweiligen Bedingungen. So vereinfachte der *Immigration Act* von 1970[14] die Zulassung der Einreise für beide Zuwanderungsarten und beendete die oben genannte restriktive Bedingung für temporäre Zuwanderer (vgl. Martin / Lowell 2004: 128). Diese Änderung im Bereich der temporären Zuwanderung stellt für *Hermann / Hunger* (2003: 84) „(...) den ersten Schritt in Richtung einer dauerhaften Aufenthaltsmöglichkeit auch für 'non-immigrants'(...)" dar. Denn ab diesem Zeitpunkt war es möglich, den temporären Status zu verlängern oder den permanenten Status über die *permanent resident card* zu beantragen (Statusangleichung). Obendrein wurde zusätzlich die Einreise von Ehepartnern und Kindern für Inhaber von temporären Visa ermöglicht und zugleich die Visums-Kategorie L-1 für den sogenannten *unternehmensinternen Fachkräftetransfer (intra-company transfer)* geschaffen (vgl. Hunger 2003: 35). Dabei erfolgten diese gezielten Veränderungen im Bereich der temporären Zuwanderung vor allem aus Arbeitsmarktgründen, um den sich abzeichnenden Fachkräftemangel aufgrund des einsetzenden Strukturwandels seit den 1970/80er-Jahren entgegen zu wirken (vgl. Hermann / Hunger 2003: 80).

Vor diesem Hintergrund modifizierte auch der *Immigration and Nationality Act* von 1990[15] das seit 1965 geltende Zuwanderungssystem in erster Linie nach den Bedürfnissen des Arbeitsmarktes wie aus *Schaubild 15* zu entnehmen ist (vgl. Dickel 2002: 63). Besonders die Schaffung der Visumskategorie H-1B im Bereich der temporären Zuwanderung und die parallele Erhöhung der jährlichen Visa in diesem Programm in den 1990er-Jahren ließ die Zahl der hochqualifizierten Zuwanderer in die Höhe schnellen. Dabei wird deutlich, dass die temporäre Zuwanderung in den vergangenen zwei Jahrzehnten an Bedeutung gewonnen hat, um den Bedarf an Hochqualifizierten seit den 1980er-Jahren zu decken und den auftretenden Fachkräftemangel der expandierenden Wirtschaft in den 1990er-Jahren kurzfristig auszugleichen (vgl. Martin / Chen / Madamba 2002: 4).

---

14 Immigration and Nationality Act to Faciliate the Entry of Certain Nonimmigrants into the United States, 84 Statues- at- Large 116, 1970.
15 Immigration Act of 1990, 104 Statues- at- Large 4978, 1990.

Schaubild 15: Zuwanderung im Bereich der temporären Zuwanderung ab 1985 (in Personen / total)

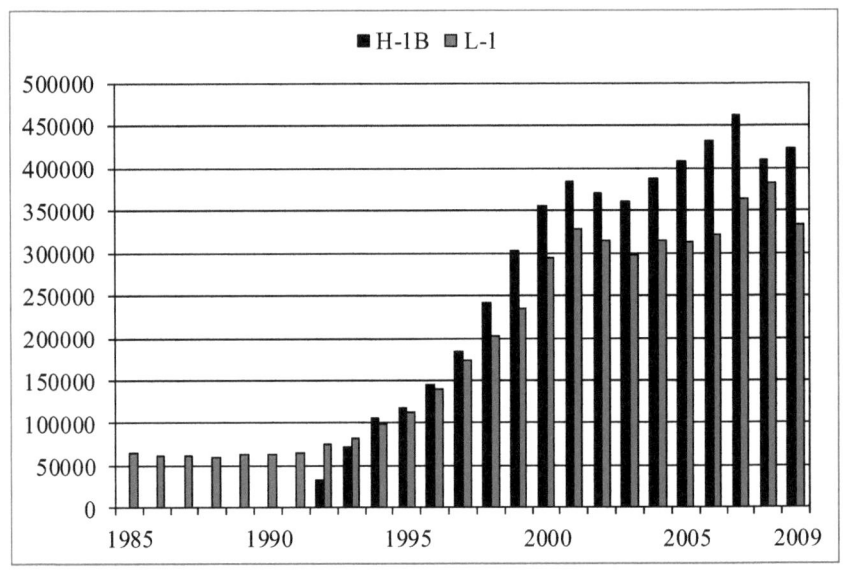

Quelle: The Office of Immigration Statistics (IOS),
          Yearbook of Immigration Statistics (1997; 2003; 2009)

Es bleibt daher festzuhalten, dass die USA seit den 1965er-Jahren die Zuwanderung auf Hochqualifizierte ausrichten, und diese Politik in den 1970er- und 1990er-Jahren mit temporären Zuwanderungsprogrammen ergänzt haben, um die Zuwanderungspolitik als Teil der Arbeitsmarkt- und Wirtschaftspolitik zu etablieren. Zudem hat die permanente Zuwanderung in Bezug auf Hochqualifizierte erst in den 1990er-Jahren an Bedeutung gewonnen, bleibt aber prozentual hinter dem enormen Anteil der Zuwanderung zwecks Familienzusammenführung zurück. Daher sind vor allem die temporären Visa-Programme H-1B und L-1[16] seit den 1990er-Jahren zu „Eingangstoren" für

---

16 Auch wenn gegenwärtig die Unterscheidung der temporären Zuwanderungsprogramme mit Buchstaben von A bis V reicht (vgl. Lowell 1999: 4), damit jede Aufenthaltskategorie einem bestimmten Segment auf dem Arbeitsmarkt entspricht, wird die vorliegende

hochqualifizierte Zuwanderer in die USA geworden. In der Literatur der ökonomischen Migrationsforschung besteht Konsens darüber, dass die Weichenstellungen der 1990er-Jahre und die daraufhin entstehende enorme Zunahme an hochqualifizierten Zuwanderern über die temporären Programme in die USA deren ökonomische Wettbewerbsfähigkeit auf dem Weltmarkt zunächst stabilisieren und dann auch ausbauen half (vgl. Hermann / Hunger 2003: 81). Die vorherige Betrachtung bezüglich des BIP-Wachstums kann dieses Urteil unterstreichen.

Zudem war Deutschland mit einem deutlich geringeren BIP-Wachstum aufgefallen, und dies soll in der nachfolgenden Darstellung mit der historischen Entwicklung der Zuwanderung erklärt werden.

In Anbetracht der Tatsache, dass in Deutschland erst Ende der 1990er-Jahre die Zuwanderung von Hochqualifizierten gezielt begünstigt wurde, muss sich die nachfolgende Betrachtung auf die gesamte Entwicklung der Zuwanderungspolitik Deutschlands konzentrieren. Dabei wird wiederum vor allem die arbeitsmarktbedingte Zuwanderung zu betrachten sein.

Untersuchung nur auf die Programme B und L eingehen, da diese ausschließlich die temporäre Zuwanderung von Hochqualifizierten begünstigen.

4.2 Deutschland

In der Literatur werden für die Bundesrepublik Deutschland vier Zuwanderungswellen dargestellt (vgl. Hönekopp 2001: 54), die in ihrer Summe Deutschland zum wichtigsten Zuwanderungsland Westeuropas machen (vgl. Geedes 2003: 81).

Von großer Bedeutung war die zwischen 1945 und 1961 aus politischen Gründen intendierte Zuwanderung von circa 12 Millionen Vertriebenen und Übersiedlern aus den sogenannten ehemaligen Ostgebieten und der DDR (vgl. Imbusch 1991: 24). Auch wenn über diese erste Zuwanderungswelle viele Hochqualifizierte nach Deutschland kamen, war das nicht über eine qualifikationsorientierte Steuerung erfolgt.

Schaubild 16: Zuwanderungssaldo nach Deutschland ab 1950 (in Personen / Mio.)

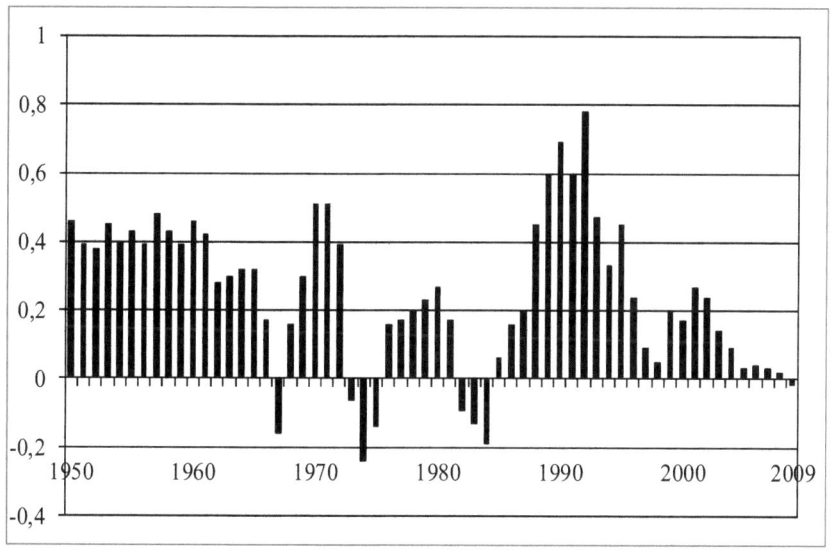

Quelle: Genesis-Online Datenbank des Statistischen Bundesamtes (2010)

Ab Mitte der 1950er- bis Anfang der 1970er-Jahre erfolgte dann erstmals die gezielte Steuerung der Zuwanderung, als Personen aus Süd-West und Süd-Ost Europa angeworben wurden, um den kurzfristigen Bedarf an gering- und unqualifizierten Arbeitskräften in der ökonomischen Boom-Phase der Bundesrepublik zu decken (vgl. Sauer / Heß 2007: 9)[17]. Damit etablierte auch Deutschland erstmals eine arbeitsmarktbedingte Zuwanderung, wobei eine Ausrichtung auf Hochqualifizierte wie in den USA ausblieb.

Gleichwohl wurde im Jahr 1973 die arbeitsmarktbedingte Zuwanderung mit dem sogenannten Anwerbestopp[18] zunächst wieder begrenzt. *Schaubild 16* macht den plötzlichen Zuwanderungsstopp, motiviert durch die vom Ölpreisschock ausgelöste konjunkturelle Krise deutlich. Aber keineswegs war damit die Zuwanderung nach Deutschland beendet. Denn die Schließung der Grenzen für Nicht-EU-Bürger veranlasste viele Zuwanderer (sogenannte Gastarbeiter) entweder auf die Rückkehr in das Abgabeland zu setzen, aber eben auch dauerhaft in Deutschland zu bleiben (vgl. Werner 2001: 10). Zudem kamen in den 1980/90er-Jahren Flüchtlinge im Rahmen des Asylrechts nach Deutschland sowie in den 1990er-Jahren die sogenannten Deutschstämmigen über die ethnisch gesteuerte Zuwanderung aus den Nachfolgestaaten der ehemaligen Sowjetunion (vgl. Schäfer 2008: 226).

Wie *Schaubild 17* zeigt, war für die Zuwanderungspolitik seit den 1980er-Jahren charakteristisch, dass ein geringer Zuwanderungsanteil aufgrund ökonomischer Aspekte zugelassen wurde. Folglich war der Hauptanteil der Zuwanderer seit dem Anwerbestopp gerade nicht aus Arbeitsmarktgründen und schon gar nicht nach dem Kriterium der Hochqualifikation gezielt eingelassen worden (vgl. Bremer 1999: 29).

---

17 In Folge dieser gut organisierten Anwerbeverfahren kamen bis 1973 zuzüglich der Familienzusammenführung 2,6 Millionen Menschen nach Deutschland (vgl. Brüggemann-Buck 1999: 33).
18 Hintergrund des Anwerbestopps war der Wille, einen weiteren Zustrom an ausländischen Arbeitskräften zu verhindern, da sich mit der plötzlichen Vervierfachung des Rohölpreises der ersten Öl-Krise 1973 fundamentale wirtschaftliche Schwächen und negative Perspektiven auch in Deutschland offenbarten (vgl. Pflugbeil 2005: 65; Reißlandt 2005: 17).

Kapitel 4 Historische Entwicklung der Zuwanderungspolitik 65

Schaubild 17: Zuwanderungsarten nach Deutschland seit 1985 (in Personen / Nettozahlen)

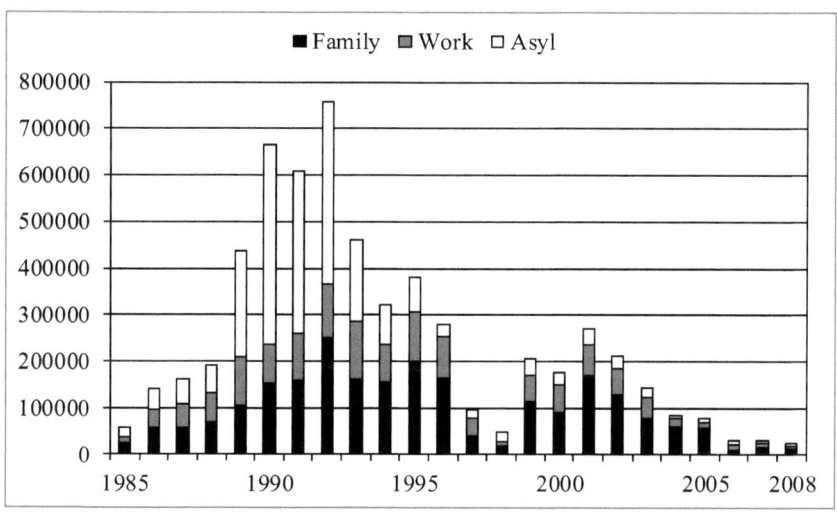

Quelle: OECD Migration Outlook (2002-2008), Bundesministerium des Inneren (2010: 127ff.)

In den USA wurde bereits in den 1960er-Jahren begonnen, die Zuwanderung von Hochqualifizierten zu begünstigen. Damit hatte es Deutschland nach dem Anwerbestopp versäumt zu thematisieren, wie eine Zuwanderung gesteuert werden sollte, die vor dem Hintergrund des Strukturwandels den größtmöglich ökonomischen Nutzen versprach. Vielmehr wurde die Zuwanderung ausschließlich unter politischen Gesichtspunkten gestaltet und war daher so weit wie möglich durch die Begrenzung von arbeitsmarktbedingter Zuwanderung gekennzeichnet.

In Anbetracht der Tatsache, dass sich seit Mitte der 1970er-Jahre die Arbeitslosigkeit in Folge der Ölkrise verfestigte (vgl. Schäfer 2008: 226), ist das noch nachvollziehbar. Aber dass die Zuwanderungsbegrenzung auch in Zeiten zurückgehender Arbeitslosigkeit Ende der 1980er-Jahre begrenzt blieb, ist kritisch zu hinterfragen. Denn dies ist umso erstaunlicher, als andere Zuwanderungsländer wie die USA zu diesem Zeitpunkt bereits länger ein Steuerungsinstrumentarium gerade in Bezug auf Hochqualifizierte anwendeten (vgl. Bade 2000: 320).

In den 1990er-Jahren steht der Wille zur Begrenzung der Zuwanderung dann auch völlig im Widerspruch zu den enormen Flüchtlingszahlen und dem hohen Anteil an Zuwanderung zwecks Familienzusammenführung. Damit ähnelt der Zuwanderungsverlauf in den 1990er-Jahren zwar dem der USA, gleichwohl wird aber zum Ende der 1990er-Jahre auch ein eklatanter Unterschied deutlich. Denn in den USA ist ab diesem Zeitpunkt ein enormer Anstieg der Zuwanderungszahlen zu verzeichnen, der auch zunehmend in Hinblick auf den Bedarf an Hochqualifizierten gesteuert wird. Die gegenteilige Entwicklung wird in *Schaubild 17* für Deutschland greifbar. Denn wieder einmal wird der Wille zur Begrenzung der Zuwanderung ersichtlich, ohne dabei die ökonomisch notwendige arbeitsmarktbedingte Zuwanderung zu begünstigen. Vielmehr sinken deren Zahlen ähnlich stark wie die Anteile der Asylzuwanderung.

Dabei waren seit dem einsetzenden Strukturwandel in den 1980er-Jahren vermehrt Hochqualifizierte gefragt. Die USA hatten ihre Zuwanderung diesbezüglich ausgerichtet und daher eine qualifkationsorientierte Steuerung implementiert. Heute wird diese als Teil der Arbeitsmarkt- und Wirtschaftpolitik verstanden (vgl. Siegel 1999: 23).

Im Gegensatz dazu hat Deutschland seit dem Anwerbestopp von 1973 die Zuwanderung nicht mehr nach dem ökonomischen Bedarf gesteuert. Vielmehr wurde gerade die arbeitsmarktbedingte Zuwanderung begrenzt.

Eine Umsteuerung kann in der Begünstigung der Zuwanderung von Hochqualifizierten seit Ende der 1990er-Jahre gesehen werden. Bis dahin konnten Unternehmen hochqualifizierte Arbeitskräfte aus dem Ausland zwar über die 1990 verabschiedete *Anwerbestoppausnahmeverordnung* anwerben (vgl. Hunger 2003: 45)[19], doch waren diese Möglichkeiten eindeutig entwicklungspolitisch orientiert und können nicht als zielgerichtetes Programm zugunsten der Zuwanderung von Hochqualifizierten nach Deutschland eingeordnet werden (vgl. Kolb 2004: 17).

Daher ist eine Abkehr von der Ausrichtung auf gering- und mittelqualifizierte Zuwanderung hin zu einer in Bezug auf Hochqualifizierte erstmals durch die Reform des sogenannten unternehmensinternen Arbeitskräftetransfers im Jahr 1998 vollzogen worden. Anschließend wurde im Jahr 2000 mit der Green Card-Initiative erstmals auch öffentlich diskutiert, dass Deutschland auf hoch-

---

19 Daher wurde, besonders um auf die Nachfrage des Arbeitsmarktes in Deutschland zu reagieren, 1990 die Arbeitsgenehmigungsverordnung (ArGV: Zugang vom Inland) und die Anwerbestoppausnahmeverordnung (ASAV: Zugang vom Ausland) verabschiedet (vgl. Meier-Braun 2002: 91).

qualifizierte Fachkräfte aus dem Ausland angewiesen ist. Der vorerst letzte Schritt wurde im Jahr 2005 mit der Verabschiedung eines Zuwanderungsgesetzes getan. Es bleibt aber fraglich, ob dieses als strategische Antwort auf die ökonomischen und gesellschaftlichen Herausforderungen gelten kann. Auch darauf soll der weitere Vergleich eine Antwort geben.

Dazu werden zunächst die temporäre und dann die permanente Zuwanderungspolitik im Vergleich behandelt. Dabei sollen vor allem Gemeinsamkeiten und Unterschiede der steuerungspolitischen Instrumente herausgearbeitet werden, um auch eine Bewertung bezüglich der Attraktivität der Regelungen abzugeben. Denn bekanntermaßen stehen die Vergleichsländer mit ihrer Zuwanderungspolitik in Bezug auf Hochqualifizierte im internationalen „Wettbewerb um die besten Köpfe" (Unabhängige Kommission „Zuwanderung").

Kapitel 5 Temporäre Zuwanderung im Ländervergleich

5.1 Deutschland

Zunächst wird das Green Card-Programm dargestellt. Obwohl dieses seit 2007 kein aktuell implementiertes Zuwanderungsprogramm in Deutschland ist, soll dessen Konzeption und Regelung auch Anknüpfungspunkte für die spätere Darstellung der praktischen Handlungsempfehlungen liefern.

Nach dem Green Card-Programm werden die bestehenden Regelungen des sogenannten unternehmensinternen Fachkräftetransfers in Deutschland aufgezeigt und nach der anschließenden Darstellung der Programme in den USA, H-1B und L-1, werden die Programme miteinander verglichen.

5.1.1 Green Card-Initiative

Schon vor der Green Card-Initiative hatten sowohl Vertreter der Informations- und Telekommunikationsbranche (ITK) als auch politische und gewerkschaftliche Akteure erkannt, dass der IT-Fachkräftemangel eine wesentliche, wenn nicht gar vorrangige Bremse für die künftigen Wachstumschancen der IT-Branche sei (vgl. BITKOM 2001: 5; Greifenstein 2001: 6). Vor diesem Hintergrund verkündete Bundeskanzler Schröder schließlich mit seiner Eröffnungsrede auf der CEBIT am 23. Februar 2000 in Hannover die Absicht, die Zuwanderung von ausländischen IT-Fachkräften nach Deutschland schnellstens zu ermöglichen, um den bestehenden Fachkräftemangel kurzfristig auszugleichen (vgl. Bade / Bommes 2000: 198).

Ziel war es, den Fachkräftemangel der IT-Branche kurzfristig zu beheben und über dieses temporäre Zuwanderungsprogramm Unternehmen in Deutschland die Möglichkeit zu geben, IT-Fachkräfte aus dem (Nicht-EU) Ausland für einen festgelegten Zeitraum von fünf Jahren zu beschäftigen (vgl. Hunger 2003: 44). Dabei fußte die Umsetzung der Green Card auf bestehendem Recht[20], womit das

---

20 Dazu wurde ein Ausnahmetatbestand über die Zusammenfassung der beiden

eigentliche Novum dieser Initiative die öffentliche Verkündung und die damit einsetzende Diskussion um die Zuwanderung von Hochqualifizierten war. Mit dem Datum des 1. August 2000 trat der neu geschaffene Ausnahmetatbestand in der *Anwerbestoppausnahmeverordnung* in Kraft und war für die Beantragung der Visa drei Jahre lang gültig. Somit war das Einreisefenster der hochqualifizierten IT-Fachkräfte aus dem Ausland auch für diese Zeitspanne begrenzt (§§ 1 und 3 IT-ArGV). Ferner kam die Limitierung (§ 5 IT-ArGV) der zu vergebenen Visa auf 20.000 Stück hinzu, die neben der fünfjährigen Gültigkeit von Aufenthalts- und Arbeitsbefugnis in Deutschland somit sehr restriktiv ausgestaltet war (vgl. McLaughan / Salt 2001: 24). Als Voraussetzung (§§ 2 und 4 IT-ArGV) galt für Visa-Bewerber ein Hochschul- bzw. Fachhochschulausbildung im Bereich der Informations- und Kommunikationstechnologie oder aber ein zugesichertes Jahresgehalt von 51.000 Euro, das als eine Art Äquivalent des Qualifikationsnachweises galt (vgl. Kolb 2004: 23).

Das übliche Verfahren zur Beschäftigungsaufnahme der ausländischen IT-Fachkräfte in einem Unternehmen in Deutschland lag zunächst in der Beantragung der Zusicherung einer Arbeitserlaubnis bei der *Bundesagentur für Arbeit* durch die Arbeitgeberseite (§ 7 IT-ArGV). Daraufhin erfolgte dort die obligatorische Arbeitsmarktprüfung zur Durchsetzung und Aufrechterhaltung des Inländerprimats am Arbeitsmarkt und zudem die oben genannte Prüfung der Voraussetzungen der Visa-Bewerber (vgl. McLaughan / Salt 2001: 24).[21]

Wie das *Schaubild 18* deutlich macht, bleiben die zugesicherten Arbeitserlaubnisse an IT-Fachkräfte hinter der beabsichtigten Menge von 20.000 Hochqualifizierten zurück. Dies steht im vermeintlichen Widerspruch zu den angegebenen Zahlen an fehlenden IT-Fachkräften im Jahr 1999/2000 durch die Unternehmen und Verbände der IT-Branche. Dabei konnte die Evaluation der Green Card zeigen, dass für die viel höheren Angaben und der tatsächlich geringeren Visa-Abnahme vor allem der konjunkturelle Einbruch ab dem Jahr 2001 zu sehen ist.

Verordnungen IT-ArGV und IT-AV in der Anwerbestoppausnahmeverordnung geschaffen (vgl. Hunger 2003: 45).
21 Danach erst erfolgte die Zusicherung einer Arbeitserlaubnis innerhalb einer Woche, die eine Gültigkeit von drei Monaten behielt, womit die IT-Fachkräfte aus dem Ausland drei Wochen Zeit hatten, nach Deutschland einzureisen. Nach der Einreise mussten die IT-Fachkräfte dann einen Antrag auf Aufenthalts- und Arbeitserlaubnis bei den zuständigen Behörden selbstständig stellen (vgl. McLaughan / Salt 2001: 25).

Somit ist die oftmals vorgetragene Kritik, dass die Unternehmen und Verbände den Fachkräftemangel übertrieben hätten, nicht zu halten (vgl. Kolb 2004: 23).

Schaubild 18: Zusicherungen von Arbeitserlaubnissen an IT-Fachkräfte von 2000 bis 2004 (in Personen)

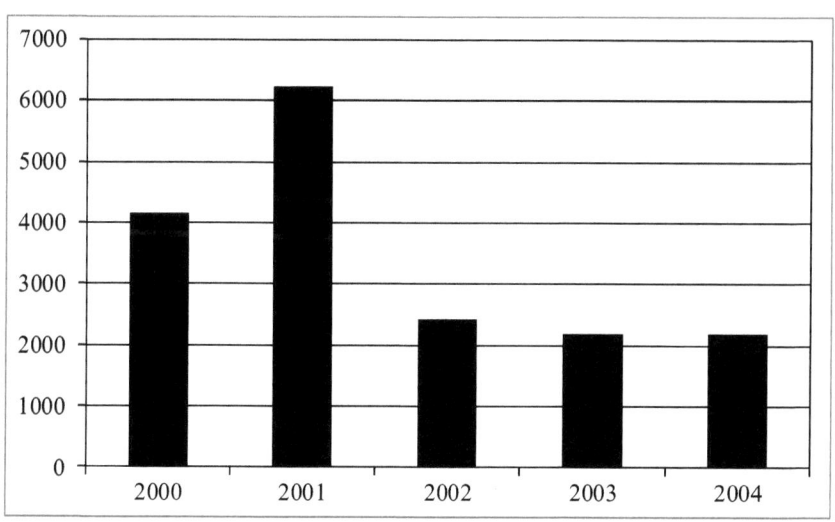

Quelle: Bundesministerium des Innern (2006: 79)

Es ist vielmehr so zu bewerten, dass die einmalige und zeitlich befristete Implementierung des Green Card-Programms eher wie ein „Gastarbeiterprogramm" angesetzt war, da nach Ablauf die Fachkräfte das Land wieder verlassen mussten.

Daher wird bei Betrachtung des H-1B-Programms in den USA besonders auf dessen langfristige Ausrichtung einzugehen sein, um den Unterschied dann im Vergleich mit dem Green Card-Programm aufzuzeigen und diesen anschließend auch in die praktischen Handlungsempfehlungen einfließen zu lassen.

5.1.2 Unternehmensinterner Fachkräftetransfer

Zuvor soll aber auf den unternehmensinternen Fachkräfteverkehr als weitere temporäre Zuwanderungsform eingegangen werden. Denn zum einen hat die historische Entwicklung in den USA bereits oben angedeutet, dass auch dort diese Zuwanderungsmöglichkeit seit den 1980er-Jahren an Bedeutung gewonnen hat. Zum andern hat die Evaluation des Green Card-Programms ergeben, dass vor allem mittelständische Unternehmen mit bis 500 Mitarbeitern diese Möglichkeit genutzt hatten, Fachkräfte aus dem Ausland einzustellen. Multinationale Unternehmen und Konzerne hatten daher weniger Fachkräfte über das Green Card-Programm angeworben, da sie durch die bestehenden Regelungen im Bereich des unternehmensinternen Fachkräftetransfers bereits eine viel attraktivere Alternative hatten (vgl. Kolb 2004: 9).

Der unternehmensinterne Fachkräftetransfer wurde noch von der Kohl-Regierung unter dem Arbeitsminister Norbert Blüm im Herbst 1998, zehn Tage vor der Bundestagswahl, ohne großes öffentliches Interesse reformiert und dabei weitgehend dereguliert (vgl. ebd.: 98). Das wird in den drei Tatbeständen und den Bedingungen deutlich.

Die ASAV[22] enthält seitdem zwei Tatbestände, die der Zuwanderung von Hochqualifizierten in Konzerne und multinationale Unternehmen nach Deutschland eine rechtliche Basis geben.

Zum einen ermöglicht § 4 Abs. 7 der ASAV

„(...) die Erteilung einer Arbeitserlaubnis an Fachkräfte eines international tätigen Konzerns oder Unternehmens für eine Beschäftigung im inländischen Konzern- oder Unternehmensteil, wenn die Tätigkeit im Rahmen des Personalaustausches unabdingbar erforderlich ist und der Arbeitnehmer eine Hochschul- oder Fachhochschulausbildung oder eine vergleichbare Qualifikation besitzt." (ebd.: 94)

---

22 BGBl. I S. 2893.

Zudem erlaubt § 4 Abs. 8 der ASAV

„(...) eine Arbeitserlaubnis für im Ausland beschäftigte Fachkräfte eines international tätigen Konzerns oder Unternehmens für eine Beschäftigung im inländischen Konzern oder Unternehmensteil zur Vorbereitung von Auslandsprojekten." (ebd.)

Obendrein gibt es nach § 9 Nr. 2 der Arbeitsgenehmigungsverordnung (ArGV)

„(...) die Möglichkeit bestimmte Zuwanderergruppen gänzlich arbeitsgenehmigungsfrei über unternehmensinterne Arbeitsmärkte nach Deutschland zu bringen. Diese Möglichkeit betrifft leitende Angestellte eines international tätigen Konzerns oder Unternehmens für eine Beschäftigung in dem inländischen Konzern- oder Unternehmensteil auf Vorstands-, Direktions- und Geschäftsleitungsebene oder für eine Tätigkeit sonstiger leitender Position." (ebd.)

Für alle drei Möglichkeiten des unternehmensinternen Fachkräftetransfers entfällt seit 1998 die sonst obligatorische Arbeitsmarktprüfung zur Durchsetzung und Aufrechterhaltung des Inländerprimats am Arbeitsmarkt (vgl. ebd). Darüber hinaus entfällt für den Ausnahmetatbestand in § 9 Nr. 2 ArGV nicht nur die Arbeitsmarktprüfung, vielmehr ist diese Möglichkeit des Personaltransfers vollständig arbeitsgenehmigungsfrei. Indes ist die Arbeitserlaubnis nach § 4 Abs. 8 ASAV auf 36 und nach Abs. 7 auf 24 Monate beschränkt und kann beim Personalaustausch nach § 9 Nr. 2 ArGV auf bis zu 60 Monate ausgedehnt werden (vgl. ebd: 98; Fn 285).

Damit haben diese rechtlichen Grundlagen für den unternehmensinternen Fachkräftetransfer seit 1998 diesen gänzlich aus dem Anwerbestopp ausgegliedert und bieten neben dem Green Card-Programm eine hoch attraktive Alternative zur Beschäftigung ausländischer Fachkräfte für international tätige Konzerne und Unternehmen in Deutschland.

74   Kapitel 5   Temporäre Zuwanderung im Ländervergleich

Schaubild 19: Unternehmensinterner Fachkräftetransfer in Deutschland von 1998 bis 2008 (in Personen / Visa-Erstausstellungen)

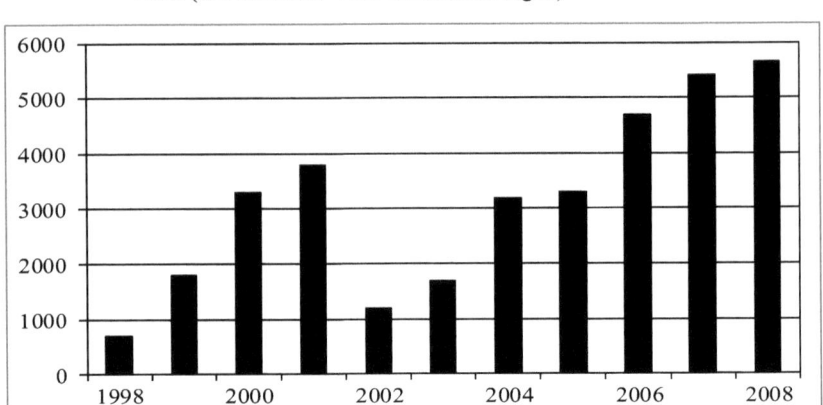

Quelle: Genesis-Online Datenbank des Statistischen Bundesamtes (2009), Bundesministerium des Inneren (2010: 96)

In *Schaubild 19* wird deutlich, dass sich die Zuwanderung über den unternehmensinternen Fachkräftetransfer an der Nachfrage des Arbeitsmarktes bzw. an den konjunkturellen Phasen der Wirtschaft in Deutschland orientiert. Dies wird vor allem durch das Fehlen einer Visa-Obergrenze ermöglicht, die noch im Green Card-Programm vorgesehen war.
Da obendrein das Zulassungsverfahren für beantragte Visa innerhalb einer Woche abgeschlossen wird (vgl. Kolb 2003: 99), zeigt sich hier die schnellstmögliche und weitgehend restriktionsfreie Möglichkeit der Zuwanderung nach Deutschland für Hochqualifizierte. Da diese Regelungen auch durch das neue Zuwanderungsrecht von 2005 nicht eingeschränkt worden sind, sind sie somit bis heute gültig (vgl. Renner 2004: 272).
Für die weitere Darstellung der jeweiligen Regelungen in den USA bleibt daher fraglich, ob die hier festgestellte Deregulierung im unternehmesinternen Fachkräftetransfer auch in den USA wieder zu finden ist. Zuvor wird aber das Gegenstück zum Green Card-Programm, das H-1B-Programm in den USA, darauf zu untersuchen sein, ob es ähnlich restriktiv ausgestaltet ist, und was das Green Card-Programm außer dem Namen noch mit der Zuwanderungspolitik der USA gemeinsam hat.

5.2 USA

Wie bereits oben angedeutet, stellen die temporären Zuwanderungsprogramme das eigentliche Eingangstor für Hochqualifizierte in die USA dar. Dies wird deutlich, da 80 Prozent der hochqualifizierten Zuwanderer die USA über eine befristete Aufenthaltsgenehmigung erreichen, von denen dann wiederum 65 Prozent über die Beantragung der *permanent resident card* eine Statusangleichung vornehmen und somit permanent zuwandern (vgl. Hermann / Hunger 2003: 87).

5.2.1 H-1B-Programm

Der *Immigration and Nationality Act* von 1990 hatte dazu das bereits seit 1965 bestehende H-1-Programm für temporäre Zuwanderung über die Schaffung neuer Kategorien speziell für Hochqualifizierte umstrukturiert (vgl. Beshara / Proutaud 1994: 12).

Das 1990 geschaffene H-1B-Programm kann von den Visa-Zahlen her für die temporäre Zuwanderung als die wichtigste Möglichkeit betrachtet werden, dass Hochqualifizierte in den USA einer Beschäftigung nachgehen können (siehe *Schaubild 15, S. 44*). In der Regel werden H-1B-Visa für einen Zeitraum von drei Jahren ausgestellt und können zusätzlich um maximal drei Jahre verlängert werden (vgl. Hillmann 2000).

„An H-1B temporary worker is an alien admitted to the United States to perform services in 'speciality occupations', based on professional education, skills, and / or equivalent experience." (vgl. OIS 2006: Glossary)

Unter einer *speciality occupation* wird verstanden, dass diese nur mit mindestens einem Hochschulabschluss auf dem Niveau eines *bachelor degree* oder auch über eine gleichwertige Berufserfahrung übernommen werden kann (vgl. OIS 2006: 94).

Das Antragverfahren sieht dabei keine Arbeitsmarktprüfung zur Durchsetzung und Aufrechterhaltung des Inländerprimats am Arbeitsmarkt vor. Vielmehr stellt die Arbeitgeberseite bei dem US-Department of Labour (DOL) einen Antrag (Labor Condition Application), indem der ortsübliche Lohn zugesichert wird (vgl. Martin 2002: 278). Da im Antrag keine Angaben vom zukünftigen Arbeitnehmer nachzuweisen sind, prüft das *DOL* in erster Linie die zukünftige Lohnzahlung auf Angemessenheit bezüglich des Anforderungsprofils des Arbeitsplatzes und auf Richtigkeit in Bezug auf geltende Tarifverträge oder einen Mindestlohn (vgl. Hillmann 2000). Damit ist zwar keine zeitaufwändige und damit kostenintensive Arbeitsmarktprüfung erforderlich, gleichwohl obliegt es der Arbeitgeberseite die bereits beschäftigten Arbeitnehmer sowie deren Vertreter darüber in Kenntnis zu setzen, dass beabsichtigt wird über das H-1B-Programm Arbeitskräfte einzustellen. Zudem dürfen während der Einstellung über das H-1B-Programm keine Streiks durchgeführt werden sowie keine Entlassungen aufgrund dieser Einstellung bei der alteingesessenen Belegschaft eintreten (vgl. McLaughan / Salt 2001: 16). Der hier beschriebene Vorgang kann in zwei bis drei Monaten zum Abschluss gebracht werden und kostete von 1998 bis 2004 die Arbeitgeberseite zusätzlich eine Gebühr von 1000 US-$ womit IT-Studiengänge in den USA finanziert wurden (vgl. Hillmann 2000).

Darüber hinaus ist ein H-1B-Visum zwar an einen Arbeitsplatz gebunden, jedoch nicht an den speziellen Arbeitgeber, womit ein Arbeitsplatzwechsel grundsätzlich möglich ist. Kann aber nach Verlust des Arbeitsplatzes auf einen gleichwertigen nicht direkt gewechselt werden, müssen die H-1B-Visa-Inhaber die USA wieder verlassen (vgl. McLaughan / Salt 2001: 23).

Zudem steht den H-1B-Visa-Inhabern der Weg des Statusangleichs offen. Damit kann die *permanent resident card* (sogenannte Green Card im Bereich der permanenten Zuwanderung) über die Arbeitgeberseite beantragt werden. Während des Antragsprozesses kann der temporäre Aufenthaltsstatus bis zum Tag der Entscheidung verlängert werden und für Ehepartner und Kinder gelten die Bestimmungen der *H-4-Visa*, die zum Aufenthalt und Schulbesuch berechtigen, jedoch nicht zur Arbeitsaufnahme (vgl. Hillmann 2000).

Im Bereich der Mengenkontingentierung wurde mit der Verabschiedung des *Immigration and Nationality Act* von 1990 eine jährliche Obergrenze von 65.000 Visa pro Jahr festgesetzt.

Wie *Schaubild 20* zeigt, wurde diese Obergrenze im Jahr 1997 erstmals erreicht, weswegen für die Jahre 1999 und 2000 die Obergrenze der jährlich zugelassenen Ausstellungszahlen für H-1B-Visa auf 115.000 angehoben wurde.

Aufgrund des starken wirtschaftlichen Aufschwungs und der daraus resultierenden starken Nachfrage für H-1B-Visa war diese Obergrenze bereits im März 2000 ausgeschöpft, weshalb im Jahr 2000 die jährliche Obergrenze für den Zeitraum 2001 bis 2003 auf 195.000 erhöht wurde (vgl. Hunger 2003: 37). Als dann die Konjunktur im Jahr 2001 einbrach und das Kontingent infolgedessen nie ausgereizt wurde, wurde seit 2003 wieder eine Obergrenze von 65.000 eingeführt. Erst mit dem konjunkturellen Aufschwung ab 2005 stieg wiederum die Nachfrage nach Hochqualifizierten, was abermals mit einer Erhöhung der jährlichen Obergrenze auf 110.000 Visa beantwortet wurde (vgl. OIS 2008).

Schaubild 20: Jährliche Visa-Erstausstellungen über das H-1B-Programm ab 1992

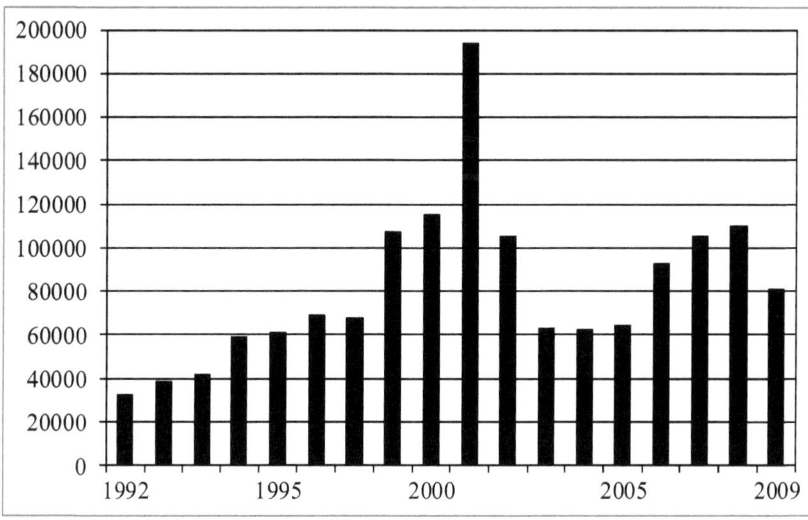

Quelle: The Office of Immigration Statistics (IOS), Yearbook of Immigration Statistics (2006, 2009)

Damit ist aus *Schaubild 20* eine pragmatische Steuerung der Zuwanderung deutlich geworden, die sich langfristig am Bedarf an Hochqualifizierten des US-Arbeitsmarktes orientiert.

Ob diese auch im Bereich des unternehmensinternen Fachkräftetransfers in den USA vorzufinden ist und inwieweit die Deregulierung in Deutschland mit der Regelung in den USA übereinstimmen, soll nun betrachtet werden.

5.2.2 L-1-Programm

Wie aus *Schaubild 15* auf *Seite 60* zu entnehmen ist, wurde in den USA bereits in den 1980er-Jahren ein weiterer temporärer Zuwanderungsweg für Hochqualifizierte, der *intra-company transfer* (unternehmensinterner Fachkräftetransfer) interessant. Die Zuwächse der L-1-Visa seit Mitte der 1990er-Jahre zeigen, dass es ähnlich starke Bedeutung für die Zuwanderung von Hochqualifizierten in die USA gewonnen hat wie das H-1B-Programm (vgl. Hunger 2003: 38).

Dieses temporäre Zuwanderungsprogramm ermöglicht es Unternehmen, wie in Deutschland, hochqualifizierte Arbeitskräfte aus anderen Länderstandorten in die USA zu verlegen. Somit ist es für das Unternehmen Voraussetzung einen Standort in den USA zu haben, und die Fachkräfte müssen zudem in den letzten drei Jahren zumindest zwölf Monate im Unternehmen vertraglich beschäftigt gewesen sein (vgl. Hermann / Hunger 2003: 91). Dabei ist diese temporäre Visa-Kategorie überwiegend

„(...) für Manager, leitende Angestellte und Personen mit besonderem Fachwissen bestimmt, die innerhalb eines multinationalen Unternehmens als 'Transfer' zu einer Unternehmenseinheit in die USA geschickt werden." (ebd.)

Das Unternehmen muss im Antrag für das L-1-Visum die bisherige Anstellung der Arbeitskraft nachweisen und darüber hinaus die Erforderlichkeit der Beschäftigung über das besondere Fachwissen darstellen. Bei der Entlohnung müssen keine Kriterien erfüllt werden, wie sie noch beim H-1B-Visa-Programm genannt wurden, und zudem gibt es in diesem Bereich der Zuwanderung keine festgesetzten jährlichen Visa-Kontingente (vgl. Kolb 2004: 101). Das Visum ist zunächst auf drei Jahre befristet, kann aber für bestimmte Arbeitskräfte der Kategorien L-1A unter die *„Manager and Executives"* fallen auf sieben Jahre und im Rahmen der L-1B-Kategorie für *„Specialized Knowledge Persons"* auf fünf Jahre verlängert werden (vgl. North 1999: 68). Das Prüfverfahren zur Visavergabe dauert in der Regel zwischen vier und sechs Wochen (vgl. Kolb 2004: 103), und auch hier hat der Visa-Inhaber die Möglichkeit, die Statusangleichung zur *permanent resident card* über den Arbeitgeber zu beantragen (vgl. Hunger 2003: 38). Sollte die oben genannte Aufenthaltsfrist abgelaufen sein, ohne dass eine *permanent resident card* beantragt wurde, so gibt es für eine Wiedereinreise über das L-Visum eine Karenzzeit von einem Jahr (vgl. Kolb 2004: 103). Und im Gegensatz zur Regelung des H-1B-Programms ist es für Ehepartner von Inhabern eines L-1-Visums seit 2002 möglich, ein Beschäftigungsverhältnis in den USA aufzunehmen (vgl. Hermann / Hunger 2003: 92).

Die Regelungen zum unternehmensinternen Fachkräftetransfer in den USA können daher wie auch in Deutschland, als die weitreichendste Zuwanderungsmöglichkeit für Hochqualifizierte betrachtet werden.

5.3 Vergleich

Die temporären Zuwanderungsprogramme in den USA (H-1B-Programm, L-1-Programm) und Deutschland (Green Card-Programm, unternehmensinterner Fachkräftetransfer) werden im Hinblick der jeweiligen Nachfrage an Hochqualifizierte gesteuert, um als Instrument zum Ausgleich eines Fachkräftemangels auf dem Arbeitsmarkt zu fungieren. Die Programme weisen insoweit Gemeinsamkeiten auf, dass sie darüber hinaus das jeweilige Antragsverfahren auf den Arbeitnehmer zuschneiden und als Hauptvoraussetzung ein konkretes Arbeitsplatzangebot, einen Hochschulabschluss oder eine vergleichbar qualifizierte Tätigkeit von den Visabewerbern fordern.

Damit haben die Programme in den USA und Deutschland eine ähnliche Ausgestaltung nach ihrer Funktionslogik erfahren. Bei genauer Betrachtung der temporären Zuwanderungsprogramme Green Card und H-1B werden aber folgende Unterschiede deutlich:

- *Präferenzkategoriensystem:* Im Rahmen des Green Card-Programms wird die Visavergabe auf eine bestimmte Branche beschränkt und zugleich die obligatorische Arbeitsmarktprüfung als zentrales Instrument zur Durchsetzung und Aufrechterhaltung des Inländerprimats am Arbeitsmarkt gefordert. Zudem konnte die nachweislich zu erbringende Hochqualifikation auch über eine Netto-Jahresgehalt von 51.000 EUR substituiert werden. Beide Regelungen werden im H-1B-Programm nicht verfolgt.

Damit zeigt sich für Deutschland, dass die Regelungen eine stärkere Ausrichtung zugunsten der Durchsetzung des Inländerprimats am Arbeitsmarkt hatten.

- Im Bereich des Instruments der *Mengenkontingentierung* werden im Rahmen des H-1B-Programms die jährlichen Visa-Obergrenzen flexibel und pragmatisch an die Nachfrage des Arbeitsmarktes angepasst. Damit wird dieses Zuwanderungsprogramm als Teil der Wirtschafts- und Arbeitsmarktpolitik in den USA verstanden, um einen Fachkräftemangel am Arbeitsmarkt kurzfristig auszugleichen.
Für das Green Card-Programm war nur eine festgelegte Visa-Obergrenze von 20.000 Stück für die gesamte Zeit der Initiative vorgesehen.

In Deutschland war über dieses Programm demnach auch ein Instrument zum Ausgleich des damals bestehenden IT-Fachkräftemangels etabliert worden.

- Jedoch war das Instrument der **Zeitkontingentierung** mit fünf Jahren um ein ganzes Jahr kürzer als im H-1B-Programm angesetzt. Zudem mussten die Visa-Inhaber nach dem Zeitraum Deutschland wieder verlassen, womit das Green Card-Programm gerade nicht als langfristiger Teil einer Arbeitsmarkt- und Wirtschaftspolitik in Deutschland vorgesehen war.

Vielmehr offenbart diese Konzeption den Verdacht, dass es hier in erster Linie wieder darum ging, die Zuwanderer los zu werden, und erst in zweiter Linie deren ökonomischen Nutzen zu betrachten.

- Eine weitere flexible Ausgestaltung des H-1B-Programms wird an der **Auflagensteuerung** deutlich, nach der das Visum nicht an einen bestimmten Arbeitgeber gebunden ist, sondern nur an einen qualifizierten Arbeitsplatz. Daher ist ein Wechsel des Arbeitgebers möglich, solange das Niveau des qualifizierten Arbeitsplatzes nicht unterschritten wird, da ansonsten die Restriktion der Ausreise droht.
Darüber hinaus werden auch klare Bedingungen und Voraussetzungen erkennbar, wenn in den USA von der Arbeitgeberseite Transparenz gegenüber der Arbeitnehmerseite und deren Vertreter verlangt wird, bevor über das H-1B-Programm Fachkräfte aus dem Ausland eingestellt werden können. Zudem darf es zu keinen Entlassungen aufgrund der Anstellungen von H-1B-Visa-Inhabern kommen, und obendrein war bis 2002 eine Gebühr von 1000 US-$ für das Antragsverfahren zu entrichten.

Beide Länder stellen demnach Bedingungen für die temporären Programme auf, wobei für Deutschland eine stärkere Ausrichtung zugunsten der Durchsetzung des Inländerprimats am Arbeitsmarkt deutlich wurde. Das H-1B-Programm kennt dieses Instrument nicht und orientiert sich eher dezentral an den Bedürfnissen der einzelnen Unternehmen über die aufgestellten Forderungen an die Arbeitgeberseite.

- Abschließend fällt dann noch der Unterschied im Instrument der *Statusangleichung* auf. Für das H-1B-Programm wird über die Möglichkeit der Statusangleichung ein Anreizsystem geschaffen, zunächst über ein befristetes Visa in die USA zu gelangen und dann über die permanente Zuwanderung auf Dauer in den USA bleiben zu können. Dies unterstreicht die grundsätzlich unterschiedliche Haltung der USA zum Thema Zuwanderung. Denn aus ökonomischer Perspektive drängt sich ja die Frage auf, warum hochqualifizierte Visa-Inhaber mit einem Arbeitsplatz nicht dauerhaft in den USA bleiben sollten, wenn sie für das ökonomische Fortkommen der USA bereit sind, zu arbeiten und Steuern zu bezahlen.
In der Konzeption des Green Card-Programms ist weder die Idee einer attraktiven Gestaltung noch der Gedanke an den dauerhaft ökonomischen Nutzen der Zuwanderer ersichtlich.

Hier ist keine Statusangleichung vorgesehen, womit sich das eigentliche Problem des Programms offenbart. Denn nachdem ein Unternehmen die hochqualifizierte Arbeitskraft in die jeweiligen Arbeitsabläufe integriert hatte, musste diese Person nach fünf Jahren Deutschland wieder verlassen. Damit konnte das Unternehmen nicht nur die Investitionen in die hochqualifizierte Fachkraft nicht ausschöpfen, vielmehr gehen durch den Verlust auch unternehmensinternes Wissen und somit Deutschland letztendlich das bereits zugewanderte Humankapital wieder abhanden.

Der Vergleich konnte daher zeigen, dass die Konzeption des Green Card-Programms in Deutschland von 2002 weitgehend dem Vorbild des temporären Zuwanderungsprogramms H-1B in der Funktionslogik folgt, dass jedoch die detaillierte Ausgestaltung der Steuerungsinstrumente noch immer auf die langfristige Begrenzung der Zuwanderung ausgerichtet sind. Daher hat die Bezeichnung Green Card nichts mit ihrem Gegenstück in den USA, der offiziell bezeichneten *permanent resident card*, außer dem Namen zu tun.

Aufgrund der Tatsache, dass die Regelungen in Deutschland im Bereich des unternehmensinternen Fachkräftetransfers als weitgehend dereguliert bewertet wurden, soll nun verglichen werden, inwieweit die Regelungen in ihrer Attraktivität mit denen der USA bestehen können.

- Dabei ist das *Präferenzkategoriensystem* mit der Befreiung von der Arbeitsmarktprüfung und der Arbeitsgenehmigungspflicht in beiden Ländern ähnlich ausgestaltet. Darüber hinaus werden die Zuwanderer über das Kriterium der Hochqualifikation (Hochschulabschluss) oder einem qualifizierten Arbeitsplatz ausgewählt.

- Übereinstimmung gibt es zudem in der fehlenden *Mengenkontingentierung* bezüglich der jährlichen Visa, wonach sich beide Ausgestaltungen explizit an der Nachfrage am Arbeitsmarkt orientieren.

- In Detailfragen der *Zeitkontingentierung* gehen die Regelungen in den USA bei einer Befristung der L-1 Visa von drei bis sieben Jahren viel weiter als in Deutschland, wo das Visum zwischen 12 – 60 Monaten befristet ist.

- Gleichwohl sind auch gegenteilige Trends festzustellen. So erfordert das L-1-Visum im Bereich der *Auflagensteuerung* sowohl eine Karenzzeit von einem Jahr als Voraussetzung für eine mögliche erneute Einreise nach Fristablauf als auch eine bestehende Beschäftigung der Fachkraft im Unternehmen von einem Jahr, bevor diese in die USA über das Programm überhaupt einreisen darf.
In Deutschland existieren diese Restriktionen nicht. Zudem haben die zu veranschlagenden Prüfzeiten gezeigt, dass die Regelung in Deutschland mit maximal einer Woche Dauer als flexibler zu beurteilen ist, gegenüber vier bis sechs Wochen in den USA.

- Trotzdem ist aber auch hier ein eklatanter Unterschied im Instrument der *Statusangleichung* offensichtlich. Denn auch Visa-Inhaber dieser Kategorie können in den USA über die Arbeitgeberseite eine *permanent resident card* beantragen und somit dauerhaft in die USA zuwandern.

Damit konnte zunächst die Darstellung und nun der Vergleich zeigen, dass Deutschland die Notwendigkeit erkannt hat, multinationalen Unternehmen und Konzernen den Transfer von eigenen Fachkräften nach Deutschland zu ermöglichen. Dabei zeigt sich zudem, dass das beliebte Urteil über einen

Mangel an Attraktivität und Flexibilität und ein bürokratisches Zuwanderungsrecht in Deutschland in diesem Bereich nicht zu halten ist. Gleichwohl wird in der fehlenden Möglichkeit der Statusangleichung in den Regelungen der temporären Zuwanderung wieder einmal deutlich, dass die gesetzlichen Regelungen hier das Selbstverständnis Deutschlands ausdrücken, kein Zuwanderungsland zu sein.

Wie bereits oben angedeutet sind gegenwärtig nur noch die Regelungen des unternehmensinternen Fachkräftetransfers in Deutschland implementiert. Das Green Card-Programm wurde nicht weiter verlängert, sondern durch ein Zuwanderungsgesetz im Jahr 2005 ersetzt. Da dieses die Zuwanderung von Hochqualifizierten ausschließlich über die permanente Zuwanderung ermöglicht, soll nun das Zuwanderungsgesetz und die entsprechenden Regelungen in den USA dargestellt werden, um sie anschließend miteinander zu vergleichen.

87

Kapitel 6 Permanente Zuwanderung im Ländervergleich

6.1 Permanent Resident Card in den USA

Im Bereich der permanenten Zuwanderung der USA gibt es vier Kriterien, nach denen Personen eine uneingeschränkte Aufenthaltserlaubnis bekommen: *family (reunification), diversity, refugees* und *employed-based* (vgl. Martin / Lowell 2004: 12).

Danach gelten Personen als hochqualifiziert,

> „(...) whose service (was) determined by the Attorney General to be needed urgently in the United States because of high education, technical training, specialty experience, or exceptional ability of such immigrants (...) and to be substantially beneficial prospectively to the national economy, cultural interest, or welfare of the United States of America (...)" (vgl. Usdansky / Espenshade 2001: 35).

Dabei stellt die Hauptvoraussetzung für eine *permanent resident card* in der Kategorie *employed-based* ein Arbeitsvertrag dar, der nur von Arbeitgebern mit Kandidaten geschlossen werden darf, die die Kategorien einer Präferenzliste (*class of admission*) erfüllen (vgl. Boswell / Carrasco 1992: 6).

Diese unbefristete Aufenthaltsgenehmigung, unter dem Begriff Green Card bekannt und offiziell *permanent resident card*[23] genannt, wird an Personen vergeben, die folgenden fünf Präferenzkategorien zugeordnet werden können (vgl. U.S. Bureau of the Census 1998: 4):[24]

---

23 Verleiht den Inhabern einen unbegrenzten Aufenthalt in den USA auf Lebenszeit und gesteht zudem bis auf das Wahlrecht gleiche Rechte wie allen US-Bürgern zu (vgl. Hunger 2003: 38).
24 Für die kurze Darstellung werden die Übersetzungen der Präferenzkategorien ins Deutsche der Autoren Hunger (2003) und Hermann / Hunger (2003) zitiert.

- *EB-1 / priority workers*
  „Hierzu zählen Personen mit außergewöhnlichen Fähigkeiten wie z.b. auf dem Gebiet der Wissenschaft, Kunst, Erziehung, Wirtschaft und des Sports, sowie leitende Angestellte in multinationalen Unternehmen." (Hermann / Hunger 2003: 87)

- *EB-2 / proffessionals with advanced degrees or aliens of exceptional abilityspecial immigrants*
  „Hierzu gehören Fachleute mit höherem akademischen Grad bzw. Fachleute mit niedrigem akademischen Grad und einer mindestens fünfjährigen fortlaufenden Berufspraxis, sowie Personen mit besonderen Fähigkeiten in den Bereichen Wissenschaft, Kunst oder Wirtschaft." (Hunger 2003: 34 – 35)

- *EB-3 / skilled workers, professionals, other workers*
  „Hierzu zählen gelernte Arbeitskräfte, die über eine mindestens zweijährige Ausbildung verfügen und aktuelle Hochschulabsolventen" (Hermann / Hunger 2003: 88).

- *EB-4 / special immigrants*
  „Dazu gehören u.a. Angestellte der US- Regierung (...) (und) Angestellte der US- Streitkräfte." (ebd.).

- *EB-5 / employment creation*
  „Hiermit sind Investoren gemeint, die mindestens 500.000 bis 1 Millionen US $ je nach Beschäftigungslage in den einzelnen Bundesstaaten in ein Geschäftsunternehmen investieren und dadurch mindestens zehn neue Arbeitsplätze für amerikanische Staatsbürger schaffen." (Hunger 2003: 34-35)

Die ersten beiden Kategorien (EB-1 und EB-2) fallen eindeutig unter die vorangestellte Definition der Hochqualifizierten nach dem OECD-Konzept des *Human Resources devoted in Science and Technology*, wenn die prozentual kleine Anzahl an Sportlern und Künstlern in der Kategorie EB-1 außen vor gelassen wird (vgl. OIS 2008: 17). Dies stellt sich bei der Kategorie EB-3 völlig anders dar, insofern lediglich aktuelle Universitätsabsolventen unter die Definition der Hochqualifikation fallen, die aber wiederum in dieser Kategorie 90 Prozent ausmachen (vgl. Hermann / Hunger 2003: 86). Die weiteren Kategorien EB-4 und EB-5 können nicht direkt mit dem Begriff

Hochqualifizierte in Verbindung gebracht werden, da die spezifischen Merkmale wie „special" und „employment creation" nicht in erster Linie auf die Qualifikation abstellen. Daher werden diese beiden Kategorien auch nicht weiter betrachtet.

Wie aus *Schaubild 15* auf *Seite 60* bereits zu entnehmen war, hat die permanente Zuwanderung (total) seit den 1990er-Jahren erheblich zugenommen. Zugleich wurde ersichtlich, dass neben dem zeitweise gravierend hohen Flüchtlingszahlen vor allem die Zuwanderung der Kategorie *employed-based* seit den 1990er Jahren stetig ausgeweitet wurde.

Schaubild 21: Zuwanderung von Hochqualifizierten im Bereich der permanenten Zuwanderung ab 1992 (in Personen / total)

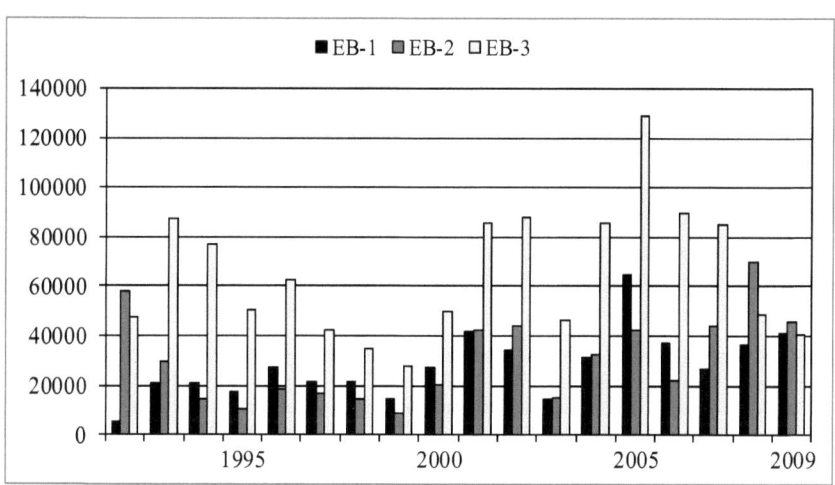

Quelle: The Office of Immigration Statistics (OIS), Yearbook of Immigration Statistics (2006, 2009)

In *Schaubild 21* wird nun deutlich, dass sich die einzelnen Kategorien am Anteil der permanenten Zuwanderung *employed-based* stark in den Zahlen unterscheiden. Zugleich macht die Entwicklung der drei zu betrachtenden Kategorien EB-1 bis 3 deutlich, dass sich die Vergabe der Visa hier nach dem Bedarf am Arbeitsmarkt orientiert und der Trend parallel zu den wirtschaftlichen Boomzeiten verläuft.

Dabei sind Schwankungen nach dem Jahr 2002, als die Zahlen der Zuwanderer deutlich um 50 Prozent zurückgegangen sind, vor allem auf die Folgen der Terroranschläge vom 11. September 2001 zurück zu führen. Danach war die Zuwanderungspolitik der USA aufgrund sicherheitspolitischer Erwägungen in die Kritik geraten und wurde im Bereich der permanenten Zuwanderung zunehmend mit schärferen Restriktionen bei der Einreise bedacht (vgl. Ostendorf 2007: 4). Darüber hinaus ist aber auch hier die ökonomische Nachfrage ausschlaggebend, die sich aufgrund der Konjunkturschwäche nach 2001 in den USA und des Einbruchs der Weltwirtschaft erst ab 2004 wieder erholte, was sich dann auch im Trend der Zuwanderungszahlen ausdrückt.

Wenn nun auf die Formalitäten für die Beantragung der uneingeschränkten Aufenthaltsberechtigung über die *permanent resident card* eingegangen wird, fällt zunächst auf, dass diese auf die Arbeitgeberseite zugeschnitten ist (vgl. Hermann / Hunger 2003: 88). Daher zwingen die Antragsvoraussetzungen zunächst die Arbeitgeberseite, den Nachweis vor dem *US-Department of Labour* (DOL) zu erbringen, dass kein (qualifizierter) Bürger der USA oder andere *permanent resident card*-Inhaber für den Arbeitsplatz gefunden werden konnte. Wobei in der ersten Kategorie (EB-1) die Arbeitsmarktprüfung zur Durchsetzung und Aufrechterhaltung des Inländerprimats am Arbeitsmarkt nicht durchgeführt wird. Diese Prozedur wird unter dem Begriff *Labor Certification Process* gefasst, der dann bei einem positiven Bescheid des *DOL* die Voraussetzung schafft, bei einem regionalen Service Center des *U.S. Citizenship and Immigration Service* (USCIS) den Antrag auf Erteilung einer *permanent resident card* des Arbeitgebers für den Arbeitnehmer einzureichen (vgl. Boswell / Carrasco 1992: 16).

Damit ist die Erteilung einer *permanent resident card* in der Kategorie *employed-based* an feste Bedingungen und Voraussetzungen geknüpft. Deshalb stößt dieses Verfahren auch immer wieder auf Kritik von Seiten der Unternehmen, da dieser bürokratische Weg als langwierig und somit als kostenintensiv betrachtet wird (vgl. Martin 2002: 277). Reformvorschläge zielen deshalb darauf ab, den bürokratischen Prozess zu vereinfachen und einige Prüfungen der Bedingungen durch eine zu entrichtende Gebühr von der Arbeitgeberseite zu ersetzen, wie es auch im Bereich der temporären Zuwanderung zeitweise umgesetzt wurde (vgl. Martin 2003: 78).

Für die nachfolgende Betrachtung des Zuwanderungsrechts in Deutschland bleibt zu fragen, ob es die Idee und Konzeption des Green Card-Programms weiterführt und zudem auch quantitativ die Zuwanderung von Hochqualifizierten ausreichend begünstigt.

6.2 Das Zuwanderungsgesetz seit 2005 in Deutschland

Das Zuwanderungsgesetz (ZuWG)[25] trat zum 1. Januar 2005 in Kraft. Über das Gesetz wurden strukturelle Veränderungen im deutschen Ausländerrecht vorgenommen, indem erstmals einheitlich Fragen in den Bereichen Integration, Asyl, Sicherheit und Arbeitsmarkt geregelt wurden (vgl. Pflugbeil 2005: 84; Sauer / Heß 2007:10).[26] Kernstück des neuen Zuwanderungsrechts bildet das Aufenthaltsgesetz[27] (AufenthG) (vgl. Renner 2005: 260), das zudem auch die Grundausrichtung der neuen Zuwanderungspolitik in § 1 formuliert:

„Das Gesetz dient der Steuerung und Begrenzung des Zugangs von Ausländern in die Bundesrepublik Deutschland".

Politische Intention war es, wie es auch der offizielle Titel bereits vermuten lässt, sowohl eine Steuerung und Begrenzung der Zuwanderung als auch eine Integration der auf Dauer rechtmäßig in Deutschland lebenden Zuwanderer zu erreichen (vgl. Renner 2004: 269).

In dem hier relevanten Feld der arbeitsmarktbedingten Zuwanderung reduzierte das neue Recht nach §§ 7 und 9 AufenthG die fünf verschiedenen Titel zum Aufenthalt und der Arbeitsaufnahmegenehmigung auf eine befristete Aufenthaltserlaubnis und eine unbefristete Niederlassungserlaubnis, womit es eine permanente von einer temporären Zuwanderung unterscheidet (vgl. Steinhardt 2007: 15). Gleichwohl sehen die Regelungen für Hochqualifizierte ausschließlich die permanente Zuwanderung über eine (unbefristete) Niederlassungserlaubnis vor.

Das Genehmigungsverfahren sieht nach § 39 Abs. 1 AufenthG vor, dass Zuwanderer sich ausschließlich nur noch an die *Ausländerbehörde* wenden

---

25 „Gesetz zur Steuerung und Begrenzung der Zuwanderung und zur Regelung des Aufenthalts und der Integration von Unionsbürgern und Ausländern" (vgl. BGBl. 2004 I, 1950).
26 Damit sind nach § 15 ZuwG das Ausländergesetz von 1990, das Aufenthaltsgesetz und das Gesetz über Maßnahmen für im Rahmen humanitärer Hilfsaktionen aufgenommene Flüchtlinge von 1980, die Freizügigkeitsverordnung von 1997 sowie die Arbeitsaufenthaltsverordnung von 1990 außer Kraft gesetzt worden (vgl. Steinhardt 2007: 18).
27 BGBl. 2004 I, 1950.

müssen, die dann in Abstimmung mit der *Bundesagentur für Arbeit* die Arbeitsgenehmigung und Aufenthaltserlaubnis in einem Akt[28] erteilt (vgl. Schäfer 2008: 239). Dem Aufenthaltstitel wird nach § 18 Abs. 5 dann stattgegeben, wenn ein konkretes Arbeitsplatzangebot vorliegt und die obligatorische Arbeitsmarktprüfung zur Durchsetzung und Aufrechterhaltung des Inländerprimats am Arbeitsmarkt ergibt, dass keine Arbeitskraft in Deutschland für den Arbeitsplatz zur Verfügung steht (vgl. Renner 2004: 271).

Nach § 19 Abs. 1 AufenthG kann dann den hochqualifizierten Antragstellern in „besonderen Fällen" eine (unbefristete) Niederlassungserlaubnis erteilt werden, wenn wiederum die *Einzelfallprüfung* ergibt, dass ein besonderes wirtschaftliches und gesellschaftliches Interesse an den Antragstellern (und deren Familienangehörigen) besteht (vgl. Sauer / Heß 2007: 12; Schäfer 2008: 239).

Zudem muss erkennbar sein, dass die Integration der Person in die „bundesdeutschen Lebensverhältnisse"[29] gewährleistet werden kann (§19 Abs. 1 AufenthG) und obendrein der Lebensunterhalt selbstständig, d.h. ohne staatliche Hilfe gesichert sein wird (§ 19 Abs. 1 AufenthG; vgl. Marx 2005: 4 f.).

Als hochqualifiziert gilt nach § 19 Abs. 2 AufenthaltG ausschließlich nur der nachfolgende Personenkreis:

- „Lehrpersonen und wissenschaftliche Mitarbeiter in herausgehobener Funktion". Darunter zählen Lehrstuhlinhaber oder Institutsdirektoren, die herausgehobene Funktionen wissenschaftlicher Mitarbeiter ausüben, wenn sie eigenständig und verantwortlich wissenschaftliche Projekt- und Arbeitsgruppen leiten (vgl. Renner 2005: 267).

- Zudem kann der Gruppe der „Spezialisten und leitenden Angestellten mit besonderer Berufserfahrung" eine Niederlassungserlaubnis erteilt werden. Dabei ist bei diesem Personenkreis nach § 19 Abs. 2 Nr. 3 AufenthG die

---

28 Hierbei handelt es sich um das sogenannte „one-step-government"-Verfahren (vgl. Müller 2005: 250). Zuvor war ein jeweils separater Antrag bei den beiden verschiedenen Institutionen notwendig, um die Arbeitsgenehmigung und die Aufenthaltserlaubnis zu erhalten (vgl. Steinhardt 2007: 15).

29 Die Ausländerbehörde hat vor Erteilung der Niederlassungserlaubnis zu prognostizieren, ob erkennbare Schwierigkeiten bei der Eingliederung in die Gesellschaftsordnung zu erwarten sind. Bei dieser Prognose werden insbesondere Ausbildung, Berufserfahrung, Alter und Bezug zu Deutschland berücksichtigt (Storr et al. 2005: 116). Kenntnisse der deutschen Sprache sind nicht notwendig.

Annahme der „Hochqualifikation" durch ihre Berufserfahrung und berufliche Stellung substituiert (vgl. Sauer / Heß 2007: 12).

- Infolge der Reform des ZuWG im Jahr 2007 können nun auch unter dem Begriff „Forscher" Personen mit besonderen fachlichen Kenntnissen permanent zuwandern. Nach § 19 Abs. 2 Nr. 1 AufenthG zählen dazu Wissenschaftler, die über eine besonders hohe Qualifikation oder über Kenntnisse in einem speziellen Fachgebiet von überdurchschnittlich hoher Bedeutung verfügen (vgl. Schäfer 2008: 239).

Die Regelungen schränken damit die in Betracht kommenden Personengruppen, die als Hochqualifizierte im Sinne des Gesetzes gelten können, stark ein. Hinzu kommt, dass für alle ein Mindestgehalt von 66.000 Euro pro Jahr obligatorisch ist (vgl. Renner 2005: 265).[30] Dieser restriktive Charakter des neuen Zuwanderungsrechts in Bezug auf Hochqualifizierte wird dann auch noch flankiert von der äußerst weiten und unbestimmten Regelung, die Niederlassungserlaubnis überhaupt zu bekommen. Denn auch wenn Hochqualifizierte sofort eine unbefristete Aufenthaltserlaubnis erhalten sollen, die oben genannten Voraussetzungen erfüllt sind und die Person sich als unterhalts- und integrationsfähig erweist, wird die Niederlassungserlaubnis nur in „besonderen Fällen" und nur auf dem „Ermessenweg" erteilt (vgl. ebd.: 268). Damit kommt hier die oben erwähnte Absicht, der gesteuerten Begrenzung der Zuwanderung auch bei Hochqualifizierten voll zur Geltung.

Daher kommt das *Bundesamt für Migration und Flüchtlinge* (BAMF 2007) zum Urteil, dass das Zuwanderungsgesetz bislang keinen nachhaltigen Beitrag zur Reduzierung des Fachkräftemangels geleistet hat. Die Zahlen in *Schaubild 22* unterstreichen diese Ansicht. Demnach ist von einer Netto-Zuwanderung an Hochqualifizierten nicht zu sprechen, da mindestens genauso viele Deutschland jedes Jahr verlassen.

---

30 Die Gesetzesnovellen des AufenthaltG im Jahr 2007 und 2010 hat trotz langer Debatte in diesem Punkt kaum Veränderungen gebracht. Nur im Hinblick auf die Gehaltsuntergrenzen wurde die ehemalige Mindestgröße von 85.500 auf 66.000 Euro gesenkt und bei den Regelungen für Selbstständige wurden die gesetzlich festgeschriebenen Gehaltsgrenzen, die Anzahl der zu schaffenden Arbeitsplätze sowie das Investitionsvolumen jeweils halbiert (vgl. Angenendt 2008: 41).

Schaubild 22: Zugewanderte Hochqualifizierte, denen eine Niederlassungserlaubnis nach § 19 AufenthaltG im Zeitraum 2005 bis 2008 erteilt wurde (in Personenzahlen)

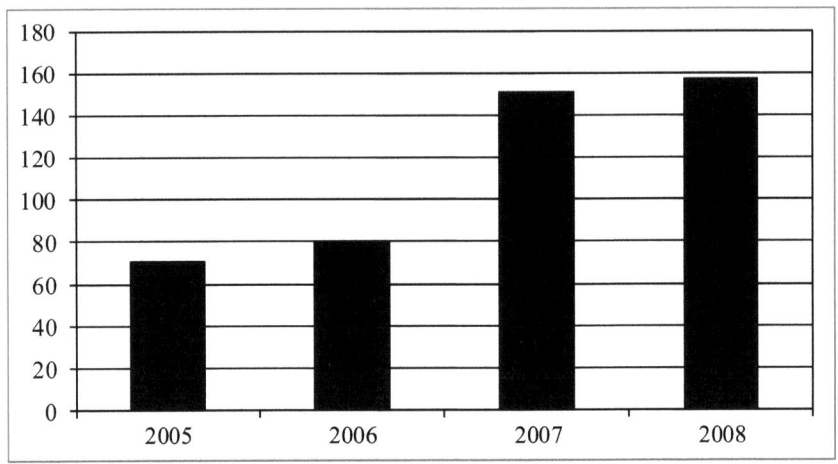

Quelle: Bundesministerium des Innern (2008: 94 / 2010: 107)

Ein wesentlicher Kritikpunkt am gegenwärtigen Zuwanderungsrecht besteht deshalb darin, jenseits von Einzelfallprüfungen und Ermessensentscheidungen ein Kontingent von hochqualifizierten Zuwanderern nach ökonomischen Kriterien anzuwerben (vgl. Schäfer 2008: 242).

Daher werden nun die dargestellten Regelungen im Bereich der permanenten Zuwanderung verglichen und bewertet. Dabei bleibt für das gegenwärtige Zuwanderungsrecht zu fragen, ob diese Regelungen als strategische Antwort auf die gesellschaftlichen und ökonomischen Herausforderungen Deutschlands gelten können.

6.3 Vergleich

Wie bereits im Bereich der temporären Zuwanderung erfordern die Regelungen im Bereich der permanenten Zuwanderung als Hauptvoraussetzung ein konkretes Arbeitsplatzangebot, einen Hochschulabschluss oder eine vergleichbar qualifizierte Tätigkeit von den Visabewerbern.

Damit ist auch hier eine ähnliche Funktionslogik im Instrument des Präferenzkategoriensystems in den Vergleichsländern festzustellen. Da es im Bereich der permanenten Zuwanderung keine Instrumente bezüglich der *Mengen- und Zeitkontingentierung* sowie *Statusangleichung* gibt, können in nachfolgenden Punkten Unterschiede aufgezeigt werden:

- Im Bereich des *Präferenzkategoriensystems* hatten die temporären Zuwanderungsprogramme in den Vergleichsländern noch das jeweilige Antragsverfahren auf den Arbeitnehmer zugeschnitten. Das Zuwanderungsgesetz in Deutschland ist von diesem Pfad abgewichen und verpflichtet seit 2005 ausschließlich die potentiellen hochqualifizierten Zuwanderer das Antragsverfahren zu eröffnen.

Darüber hinaus gibt es in den USA zumindest drei Kategorien für unterschiedliche Berufssegmente und in Deutschland nach dem gegenwärtigen Regelungen nur Kategorien für Wissenschaftspersonal sowie Spezialisten und leitende Angestellte. *Damit wurde in Deutschland der Personenkreis restriktiv eingegrenzt, der den oben festgestellten Bedarf an Hochqualifizierten in den MINT-Qualifikationen nicht berücksichtigt.*

Wenn auch im Präferenzkategoriensystem der USA für zwei Zuwanderungskategorien (EB-2 und 3) die Arbeitsmarktprüfung vor dem Hintergrund zur Durchsetzung und Aufrechterhaltung des Inländerprimats ausdrücklich vorgeschrieben ist, so ist es auch schon die einzig starke Bedingung gegenüber dem Zuwanderungsrecht in Deutschland.

- Denn hier wird über das Instrument der *Auflagensteuerung* ein Jahresgehalt von 66.000 Euro für die Visa-Bewerber gefordert, womit einmal mehr die potentiellen Zuwanderer eingeschränkt werden. Werden diese Voraussetzungen erfüllt, stellt die nächste Hürde zur Erlangung der Niederlassungserlaubnis die Einzelfallprüfungen im Ermessensfall dar.
Bildlich formuliert ist damit die Tür für die Zuwanderung Hochqualifizierter wieder zugestoßen worden. Zu dieser kritischen Bewertung kommt selbst die Integrationsbeauftragte der Bundesregierung Maria Böhmer (BAMF 2007: 237), und die Zuwanderungszahlen seit 2005 unterstreichen diese Kritik.

Darüber hinaus kennt das gegenwärtige Zuwanderungsrecht in Deutschland keine spezifischen Regelungen für eine temporäre Zuwanderung jenseits der bestehenden Regelungen zum unternehmensinternen Fachkräftetransfer. Damit sind die aktuellen Regelungen zur Begünstigung der Zuwanderung von Hochqualifizierten sogar hinter die Idee und Konzeption des Green Card-Programms von 2000 zurückgefallen und können daher nicht als Instrument zur Bewältigung des bestehenden Fachkräftemangels fungieren.

Demnach offenbart die Ausgestaltung des Zuwanderungsrechts in Deutschland eindeutig das Selbstverständnis, dass Zuwanderung nicht als konstituierend für diese Gesellschaft begriffen wird. Denn insoweit die Gesetzgebung erstmals ausdrückliche Regelungen für die Zulassung Hochqualifizierter bereitstellt, sind die restriktiven Bedingungen kaum dafür geeignet, Deutschland im „Wettbewerb um die besten Köpfe" (Unabhängige Kommission „Zuwanderung" 2001) langfristig erfolgreich zu positionieren.

Damit kann das Zuwanderungsgesetz nicht als strategische Antwort auf die ökonomischen und gesellschaftlichen Herausforderungen gelten. Es ist vielmehr vom alten Paradigma geprägt und verhindert unerwünschte Zuwanderung, ohne die ökonomisch positive Zuwanderung von Hochqualifizierten adäquat zu begünstigen. Daher ist kaum zu erwarten, dass Deutschland die am Anfang dieser Untersuchung dargelegten Herausforderungen künftig mit dieser neuen Rechtslage besser bewältigen wird als nach der früheren.

Schaubild 23: Zu- und Fortzüge nach / aus Deutschland ab 1986 bis 2009 (in Personen)

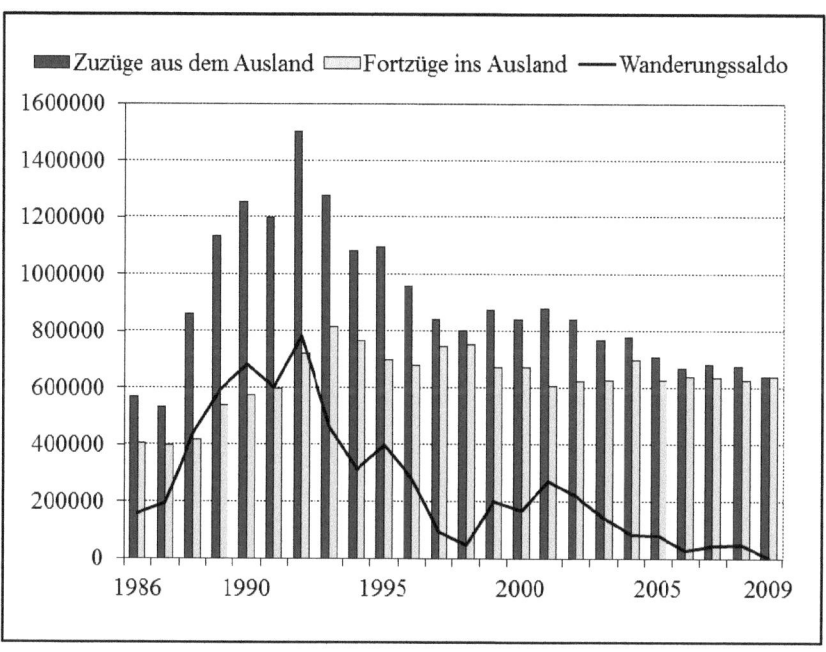

Quelle: Genesis-Online Datenbank des Statistischen Bundesamtes (2010)

Das *Schaubild 23* kann zudem eine Konstanz der Fortzüge aus Deutschland seit Mitte der 1990er-Jahre aufzeigen. Darüber hinaus liegt der Wanderungssaldo schon seit 2002 unter dem langfristigen Durchschnitt von 200.000 Personen pro Jahr, der von den meisten Vorhersagen, wie auch in dieser Studie, des zukünftigen Arbeitskräfteangebots als Referenzszenario zugrunde gelegt wird. Da seit 1997 der Jahresdurchschnitt des Wanderungssaldos nur noch 133.000 Personen beträgt und obendrein seit 2003 nicht mehr ausreicht, um den Sterbeüberschuss zu kompensieren – seit 2009 sogar erstmals negativ ausfällt – wird einmal mehr die Notwendigkeit einer Reform der Zuwanderungspolitik deutlich (vgl. IW-Köln 2008: 128).

Daher soll die vorliegende Studie abschließend praktische Handlungsempfehlungen für eine qualifikationsorientiert gesteuerte Zuwanderung aufzeigen. Die dazu notwendigen Anknüpfungspunkte hat die vorangegangene Analyse der zuwanderungspolitischen Steuerungsinstrumente in den Gemeinsamkeiten und Unterschieden bereits angedeutet.

Kapitel 7   Praktische Handlungsempfehlungen für Deutschland

Abschließend wird damit ein Beitrag zur Diskussion geliefert, wie eine konkurrenzfähige Zuwanderungspolitik in Bezug auf Hochqualifizierte aussehen könnte.

7.1 Ausrichtung der Zuwanderungspolitik

Zunächst sollte die Zuwanderungspolitik permanente und temporäre Programme unterscheiden. Wie bereits das Green Card-Programm als Instrument zur kurzfristigen Behebung des IT-Fachkräftemangels auf dem Arbeitsmarkt gedacht war, sollte auch die temporäre Zuwanderung auf diese Funktion ausgerichtet werden. Zugleich muss diese Regelung auch auf Dauer implementiert werden, um langfristig als Teil der Arbeitsmarkt- und Wirtschaftspolitik fungieren zu können.
Ein Teil der Hochqualifizierten sollte über die permanente Zuwanderung, wie nach der gegenwärtigen Regelungen, von vornherein eine Niederlassungserlaubnis erhalten können.
Darüber hinaus sollte temporären Zuwanderern über jährlich festgesetzte Obergrenzen die Möglichkeit eingeräumt werden, auch eine Niederlassungserlaubnis über die Statusangleichung zu beantragen und darüber dauerhaft in Deutschland leben zu können.
Eine Konzeption von temporärer und permanenter Zuwanderung würde somit den Willen ausdrücken, vom Humankapital im Ausland zu partizipieren (demografische Herausforderung) und potentielle Fachkräftemängel auf dem Arbeitsmarkt (ökonomische Herausforderung) ausgleichen zu wollen.

7.2 Detaillierte Ausrichtung der Steuerungsinstrumente

Darüber hinaus sollten die Antragsverfahren auf die Arbeitgeberseite zugeschnitten werden und als Hauptvoraussetzung ein konkretes Stellenangebot fordern, wie es die gegenwärtigen und vergangenen Regelungen bereits festgelegt hatten.

- Dabei sollte das *Präferenzkategoriensystem* wie auch bereits in vergangenen Regelungen in Deutschland vorgesehen, einen Hochschulabschluss oder einen damit vergleichbar qualifizierten Arbeitsplatz verlangen.

Darüber hinaus sollten verschiedene Kategorien geschaffen werden, die jeweils einem bestimmten Segment auf dem Arbeitsmarkt entsprechen, um damit den Personenkreis der potentiellen Zuwanderer deutlich auszuweiten. Beispielsweise könnten sich diese Kategorien an der Nachfrage am Arbeitsmarkt orientieren, um so ökonomisch negative Entwicklungen zu verhindern, wie sie für einige MINT-Qualifikationen zu Beginn dieser Studie aufgezeigt werden konnten.

Zudem könnte im Bereich der temporären Zuwanderung die obligatorische Arbeitsmarktprüfung zur Durchsetzung und Aufrechterhaltung des Inländerprimats am Arbeitsmarkt eingeführt werden. Diese könnte aber auch durch eine vierstellige Gebühr, die von der Arbeitgeberseite bezahlt wird, ersetzt werden. Dem Beispiel der USA folgend könnte dieses Element einige Kritik an der Zuwanderung bündeln, wenn darüber Qualifikationsmaßnahmen in Deutschland finanziert würden.

- *Mengenkontingentierung*: Vor allem im Bereich der temporären Zuwanderung sollten jährliche Obergrenzen für die Visa vergeben werden, um diese Zuwanderung an der Nachfrage des Arbeitsmarktes pragmatisch auszurichten. Obendrein könnte dieses Instrument auch dazu genutzt werden, um eine möglicherweise notwendige Begrenzung der Zuwanderung zu steuern.

Auch für den Bereich der permanenten Zuwanderung sollte es eine jährliche Obergrenze an Niederlassungserlaubnissen geben. Die Obergrenzen in beiden Zuwanderungsarten müssten sich dann auch an der von den meisten

Prognosen angesetzten Referenzzahl von 200.000 Personen pro Jahr orientieren. Diese Obergrenze könnte dann unterscheiden in temporäre Zuwanderer, die über die Möglichkeit der Statusangleichung eine Niederlassungserlaubnis bekommen, und Zuwanderern, die eine solche von vornherein erhalten. Damit wäre vor allem auch der Attraktivität des temporären Zuwanderungsprogramms Rechnung getragen sowie der Notwendigkeit, auch besonders begehrte Zuwanderergruppen mit gefragten Fähigkeiten und Wissen sofort permanent nach Deutschland zuwandern zu lassen.

- Die *Zeitkontingentierung* betrifft ausschließlich die temporäre Zuwanderung und könnte sich an den fünf Jahren des Green Card-Programms orientieren oder eben wie in den USA drei Jahre mit Verlängerungsmöglichkeit von wiederum drei Jahren ermöglichen.

- Das Instrument der *Auflagensteuerung* sollte zudem für Bedingungen und Voraussetzungen sorgen, damit die Zuwanderung keine Lohn-Dumping-Effekte verursacht. Dabei sollten aber auf jegliche äquivalent gedachten Qualifikationsnachweise wie Gehaltsuntergrenzen für die erforderliche Hochqualifikation verzichtet werden. Vielmehr sollte die Lohnzahlung der Visa-Inhaber an mögliche Tariflöhne gebunden sein. Ob darüber hinaus ähnliche Auflagen an die Arbeitnehmerseite erfolgen sollten, wie sie in den USA im H-1B- Programm aufgezeigt wurden, bleibt hinsichtlich der spezifischen Unterschiede der Mitbestimmung und Arbeitnehmerrechte in Deutschland fraglich.

  Vielmehr sollte den Visa-Inhabern die Möglichkeit eingeräumt werden, den qualifizierten Arbeitsplatz innerhalb Deutschlands auch in einem anderen Unternehmen aufzunehmen. Damit wären die Visa nicht an bestimmte Arbeitgeber gebunden. Diese Regelung läge nicht nur im Interesse der Visa-Inhaber, sondern auch im Sinne eines auf Flexibilität aufgebauten Arbeitsmarktes.

- Über die Einführung des Instrumentes der *Statusangleichung* könnte die temporäre Zuwanderung als „Eingangstor" für die Hochqualifizierten konzipiert werden. Dann könnte die Zuwanderung von Hochqualifizierten so

gesteuert werden, dass die Zuwanderer hauptsächlich über ein temporäres Visum nach Deutschland kommen, nach fünf Jahren aber die Möglichkeit erhalten, auch dauerhaft bleiben zu können.
In diesen Punkten würde sich endgültig ausdrücken, dass sich Deutschland als Zuwanderungsland begreift und dauerhaft auf Hochqualifizierte aus dem Ausland angewiesen ist.

- Neben dieser detaillierten Ausrichtung der Steuerungsinstrumente sollten die gegenwärtigen Regelungen bezüglich des unternehmensinternen Fachkräftetransfers in der bisherigen Form beibehalten werden, wobei auch hier die Möglichkeit der Statusangleichung implementiert werden sollte.

- Des Weiteren wäre die Zuwanderung beispielsweise attraktiv zu gestalten, wenn Ehepartner und Kinder uneingeschränkt einreisen bzw. bleiben dürfen sowie einer Beschäftigung nachgehen können.

Diese aufgezeigten Vorschläge einer qualifikationsorientiert gesteuerten Zuwanderungspolitik haben sich an der spezifischen Entwicklung der Zuwanderungspolitik Deutschlands orientiert. Diese Studie hatte daher das Ziel, an bestehenden gesetzlichen Regelungen anzuknüpfen und dabei die Ausgestaltung der USA als Vorbild zu nehmen. Damit wurde gerade nicht der Weg beschritten, eine Zuwanderung über ein Punktesystem das Wort zu reden, da dies erst recht einen völligen Bruch mit der historischen Entwicklung der Zuwanderungspolitik in Deutschland bedeuten würde.

Aber angesichts der Tatsache, dass es in den USA Vorschläge gibt, jedem ausländischen Absolventen an einer US-Hochschule gleichzeitig die Staatsangehörigkeit anzutragen (vgl. Heinsohn 2008), sollte für eine strategische Zuwanderungspolitik Deutschlands nicht nur gelten, die ökonomischen und gesellschaftlichen Herausforderungen bewältigen zu helfen, sondern dass diese immer attraktiv zu gestalten ist. Denn für eine konkurrenzfähige Zuwanderungspolitik bedarf es einiger Anreizelemente, wie am Beispiel der USA deutlich geworden ist. Daher sollten diese Elemente implementiert werden, um im globalen Wettbewerb Hochqualifizierte auch auf Deutschland aufmerksam zu machen. Schließlich werden andere Staaten ihre Anreizsysteme aufbauen, um die Migrationsströme in ihr Land zu lenken, und es ist davon auszugehen, dass diese viel weit reichender gestaltet werden als die hier skizzierten Vorschläge.

8. Schlussbetrachtung

Angesichts des Strukturwandels hin zu einer „forschungs- und wissensintensiven Gesellschaft" (Acemuoglu 2002: 24) und dem in der Folge weiter steigenden Bedarf speziell an Hochqualifizierten droht Deutschland spätestens mittelfristig und in den MINT-Qualifikationen schon heute ein Fachkräftemangel. Die demografische Entwicklung und die konjunkturellen Effekte werden diesen Prozess zudem noch verschärfen. In Anbetracht der guten Ergebnisse der USA in Bezug auf Integrationsaussichten von hochqualifizierten Zuwanderern sollte auch Deutschland durch eine qualifikationsorientiert gesteuerte Zuwanderung das Angebot an Hochqualifizierten für den Arbeitsmarkt begünstigen. Mit Anstrengungen für ein besseres Bildungssystem in Verbindung einer verstärkten Integration von Zuwanderern kann Deutschland dann auch von substanziellen ökonomischen Wachstumseffekten profitieren.

Die Untersuchung konnte zeigen, dass Deutschland in vergangenen und gegenwärtigen Regelungen vergleichbare zuwanderungspolitische Steuerungsinstrumente aufweist, wie sie im klassischen Zuwanderungsland USA seit Jahrzehnten vorliegen. Daran konnten die hier skizzierten praktischen Handlungsempfehlungen anknüpfen. Eine deutlich vergleichbar deregulierte Ausgestaltung wurde im Bereich der temporären Zuwanderung beim sogenannten unternehmensinternen Fachkräftetransfer in den Vergleichsländern vorgefunden.
  Gleichwohl sind auch Unterschiede in den verschiedenen detaillierten Auflagen sowie der Möglichkeit zur Statusangleichung der Zuwanderer herausgearbeitet worden. Damit hat sich immer wieder ein Selbstverständnis Deutschlands als „Nicht-Zuwanderungsland" gezeigt, dass sich in den rechtlichen Ausgestaltungen niederschlägt.

Darüber hinaus konnte festgestellt werden, dass in den USA keine schrankenlosen Regelungen in Bezug auf Hochqualifizierte vorzufinden sind. Vielmehr wird die Zuwanderung nach klaren Interessen über spezifische Kriterien und Voraussetzungen sowie über klare Bedingungen gesteuert. Des Weiteren hat die Entwicklungsgeschichte der Zuwanderungspolitik in den USA die pragmatische Orientierung am Arbeitsmarkt deutlich gezeigt. Die USA haben daher gegenüber Deutschland auch den großen Wettbewerbsvorteil, seit vielen Jahren eine qualifikationsorientiert gesteuerte Zuwanderungspolitik implementiert zu haben und diese obendrein als festen Bestandteil des

Instrumentariums der Arbeitsmarkt- und Wirtschaftspolitik zu verstehen und einzusetzen.

Für das seit 2005 geltende Zuwanderungsrecht gilt, dass es Ideen vergangener Regelungen des Green Card-Programms nicht aufgenommen hat und doch erstmalig dem Bedarf des Arbeitsmarktes nach Hochqualifizierten auch gesetzlichen Ausdruck verliehen hat. Dabei wurde aber das alte Paradigma der Begrenzung der Zuwanderung auch in Bezug auf Hochqualifizierte wieder einmal voll umgesetzt. Das Fehlen eines temporären Zuwanderungsprogramms jenseits der bestehenden Regelungen des unternehmensinternen Fachkräftetransfers machen daher noch immer deutlich, dass die Zuwanderungspolitik nicht als Teil der Arbeitsmarkt- und Wirtschaftspolitik verstanden wird, sondern vielmehr als Abwehrfunktion begriffen wird. Daher kann das gegenwärtige Zuwanderungsgesetz nicht als strategische Antwort auf die ökonomischen und gesellschaftlichen Herausforderungen Deutschlands gelten. Die mangelnde Attraktivität dieser Regelungen hat daher zur Folge, dass Deutschland am so genannten *Brain Gain* unzureichend partizipiert und somit auf Humankapital von außen verzichtet.

Allerdings stellt Zuwanderung kein Allheilmittel für die Herausforderungen Deutschlands dar. Die Zuwanderung von Hochqualifizierten kann zwar helfen, den Humankapitalrückgang aufgrund des demographischen Wandels zu kompensieren, aufhalten kann sie diesen jedoch nicht. Ebenso kann Zuwanderung helfen, Engpässe auf dem Arbeitsmarkt zu beheben, die Ursachen für das Entstehen derselben ändert auch sie nicht.

Trotzdem schließt diese Studie mit dem Fazit, dass auch Deutschland das Ziel formulieren sollte, die bestehenden Wanderungsströme von Hochqualifizierten weltweit auch nach Deutschland umzulenken. Wie bereits im Jahr 1973 befand sich Deutschland 2008/09 mitten in einer konjunkturellen Krise mit einem enormen ökonomischen Wachstumseinbruch. In der Vergangenheit wurde 1973 die Entscheidung getroffen, die arbeitsmarktbedingte Zuwanderung zu begrenzen und nicht nach den veränderten ökonomischen und gesellschaftlichen Herausforderungen neu auszurichten. Dies ist, wie die Untersuchung zeigen konnte, bis zum heutigen Tage beibehalten worden. Das gegenwärtige Zuwanderungsrecht kann daher nur eine Zwischenstation auf dem Weg zu einer zielgerichteten und alle Interessen berücksichtigenden Zuwanderungspolitik Deutschlands sein.

Daher müssen sich vor allem die politischen Akteure, bei allem Streit in der Sache, damit beschäftigen, wie die ökonomischen und gesellschaftlichen Herausforderungen Deutschlands bewältigt werden können. Dabei wird sich eine vorausschauende und verantwortungsvolle Politik an den Bedürfnissen dieser Gesellschaft zu orientieren haben, anstatt möglichst lange einen *Status quo* zu bewahren.

9. Literaturverzeichnis

Acemuoglu, Doran (2002): Technical Change, Inequality, and the Labor Market, in: *Journal of Economic Literature*, Nr. 40 / 1, S. 8-22.

Allmendinger, Jutta / Schleyer, Franziska (2005): Trotz allem gut – Zum Arbeitsmarkt von AkademikerInnen heute und morgen, in: Allmendinger, Jutta (Hrsg.): Karriere ohne Vorlage: Junge Akademiker zwischen Hochschule und Beruf, Hamburg, S. 30-48.

Angenendt, Steffen (2008): Die Steuerung der Arbeitsmigration in Deutschland. Reformbedarf und Handlungsmöglichkeiten (Gutachten im Auftrag der Friedrich-Ebert-Stiftung), Bonn.

Auriol, Laudeline / Sexton, Jerry (2002): Human Resources in Science and Technology: Mesurement Issues and International Mobility, in: OECD (Hrsg.): International Mobility of the Highly Skilled, Paris, S. 12-27.

Bade, Klaus J. (2000): Europa in Bewegung: Migration vom späten 18. Jahrhundert bis zur Gegenwart, München.

Bade, Klaus J. / Bommes, Michael (2000): Migration und politische Kultur im „Nicht-Einwanderungsland", in: Bade, Klaus J. / Münz, Rainer (Hrsg.): Migrationsreport 2000. Fakten, Analysen, Perspektiven, Frankfurt a. M., S. 163-203.

Beauftragte der Bundesregierung für Migration, Flüchtlinge und Integration (2007): Siebter Bericht über die Lage der Ausländerinnen und Ausländer in Deutschland, Berlin.

Beshara, Edward C. / Paroutaud, Richard (1999): Emigrating to the USA: A Complete Guide to Immigration, Temporary Visas and Employment, New York.

BITKOM (2001): Kein Ende des Mangels an IT- und E-Business-Spezialisten absehbar, online: www.bitkom.org/presse/pr060301.pdf (zuletzt abgerufen: 03.11.08).

Bonin, Holger / Schneider, Marc / Quinke, Hermann / Arens, Tobias (2007): Zukunft von Bildung und Arbeit – Perspektiven von Arbeitskräftebedarf und -angebot bis 2030 (IZA Research Report, Nr. 9), Bonn, online: http://www.iza.org/en/webcontent/publications/reports/report_pdfs/iza_report_09.pdf (zuletzt abgerufen: 12.01.2009).

Boswell, Richard A. / Carrasco, Gilbert Paul (1992): Immigration and Nationality Law, Cases and Materials, Durham.

Bremer, Peter (1999): Arbeitsmigranten und die nachfolgenden Generationen zwischen Integration und Ausgrenzung: Zur Situation von Ausländern in der Bundesrepublik Deutschland vor dem Hintergrund der internationalen Debatte um Exklusion und Urban Underclass, Oldenburg.

Brochmann, Grete (1999): Controlling Immigration in Europe, in: Brochmann, Grete / Hammar Tomas (Hrsg.): Mechanisms of Immigration Control. A Comparative Analysis of European Regulation Policies, New York / Oxford, S. 297-334.

Brücker, Herbert / Ringer, Sebastian (2008): Ausländer in Deutschland – Vergleichsweise schlecht qualifiziert, IAB-Kurzbericht, Nürnberg, online: http://doku.iab.de/kurzber/2008/kb0108.pdf (abgerufen:12.01.2009).

Brüggemann-Buck, Ilke (1999): Wanderungsbewegungen und ihre politischen Auswirkungen im Rahmen der Europäischen Integration, Marburg.

Bundesagentur für Arbeit (2008): Der Arbeits- und Bildungsmarkt in Deutschland, Nürnberg.

Bundesagentur für Arbeit (2009a): Der Arbeits- und Bildungsmarkt in Deutschland, Arbeitslose – nach Agenturen und Berufen / Gemeldete Stellen – nach Agenturen und Berufen, Nürnberg.

Bundesagentur für Arbeit (2009b): Branchen Berufe in Deutschland, 2000-2009, Maschinenbauingenieure, Nürnberg.

Bundesagentur für Arbeit (2009c): Die Entwicklung des Arbeits- und Ausbildungsstellenmarktes im März 2009, Nürnberg, online: http://-www.arbeitsagentur.de/nn_27030/zentralerContent/Pressemeldungen/2009/Presse-09-027.html (zuletzt abgerufen: 02.04.2009).

Bundesministerium des Innern (2006): Migrationsbericht des Bundesamtes für Migration und Flüchtlinge im Auftrag der Bundesregierung (Migrationsbericht 2005), Berlin.

Bundesministerium des Innern (2008): Migrationsbericht des Bundesamtes für Migration und Flüchtlinge im Auftrag der Bundesregierung (Migrationsbericht 2007).

Bundesministerium des Inneren (2010): Migrationsbericht des Bundesamtes für Migration und Flüchtlinge im Auftrag der Bundesregierung (Migrationsbericht 2008), online unter: http://www.bmi.bund.de/cae/-servlet/contentblob/876734/publicationFile/56550/Migrationsbericht_2008_de.pdf (zuletzt abgerufen: 10.09.2010)

Bundesministerium für Bildung und Forschung [BMBF] (2007): Bericht zur technologischen Leistungsfähigkeit Deutschlands 2007, Berlin, online: http://www.technologische-leistungsfaehigkeit.de/de/1064.php (zuletzt abgerufen: 12.01.2009).

Cronenberg, Adolf G. (1993): Internationalisierung als Herausforderung für das Personalmanagement, Stuttgart.

Deutsche Akademie der Technikwissenschaften [Acatech] (2009): Strategie zur Förderung des Nachwuchses in Technik und Naturwissenschaft. Handlungsempfehlungen für die Gegenwart, Forschungsbedarf für die Zukunft, (acatech BEZIEHT POSITION - Nr. 4), München.

Dickel, Doris (2002): Einwanderungs- und Asylpolitik der Vereinigten Staaten von Amerika, Frankreichs und der Bundesrepublik Deutschland, Opladen.

Edmonston, Barry / Passel, Jeffrey S. (1994): Immigration and Ethnicity: The Integration of America's Newest Arrivals, Washington D.C.

Eichhorst, Werner / Profit, Stefan / Thode, Eric (2001): Benchmarking Deutschland: Arbeitsmarkt und Beschäftigung (Bericht der Arbeitsgruppe Benchmarking und der Bertelsmann Stiftung), Heidelberg.

Fischer, Peter A. / Straubhaar, Thomas (1994): Ökonomische Integration und Migration in einem gemeinsamen Markt, Bern / Stuttgart.

Freund, Bodo (1998): Frankfurt am Main und der Frankfurter Raum als Ziel qualifizierte Migranten, in: Zeitschrift für Wirtschaftsgeographie, Jh. 42, Nr. 2, S. 57-81.

Fuchs, Johann / Schnur, Peter / Zika, Gerd (2005): Besserung langfristig möglich, IAB-Kurzbericht Nr. 24, Nürnberg, online: http://doku.iab.de-/kurzber/ 2005/kb2405.pdf (abgerufen: 20.01.2009).

Geedes, Andrew (2003): The politics of migration and immigration in Europe, London.

Ghosh, Bimal (1982): Economics of brain migration, New Delhi.

Great Britain (1968): The brain drain, in: Committee on Manpower Resources for Science and Technology, (Working Group on Migration), London.

Greifenstein, Ralph (2001): Die Green Card: Ambitionen, Fakten und Zukunftsaussichten des deutschen Modellversuchs, (Friedrich-Ebert-Stiftung - Abt. Wirtschaftspolitik), Bonn, online: http://library.fes.de/pdf-files/wirtschaft-/01048.pdf (zuletzt abgerufen: 14.01.09).

Gundlach, Christine (2001): Ein bisschen anders bleibt man immer. Jüdische Zuwanderer in Mecklenburg-Vorpommern, Schwerin.

Haveman, Robert / Wolfe, Barbara (1995): The Determinants of Children's Attainments: A Review of Methods and Findings, in: Journal of Economic Literature, Nr. 33, S. 1929-1978.

Heinsohn, Gunnar (2008): Der Kampf um die Köpfe. Weltweit wird um die besten Talente konkurriert: Darauf muss sich Deutschland besser einstellen, in: Der Tagesspiegel, 23. März 2008, S. 8.

Hermann, Vivian / Hunger, Uwe (2003): Die Einwanderungspolitik für Hochqualifizierte in den USA und ihre Bedeutung für die deutsche Einwanderungsdiskussion, in: IMIS-Beiträge, Nr. 22, S. 81-98, online: http://www.imis.uni-osnabrueck.de/pdffiles/imis22.pdf (zuletzt abgerufen: 31.12.08).

Hillmann, Felicitas (2000): Green Cards für die Hugenotten von morgen?, in: Frankfurter Rundschau, 26. April 2000, S. 12.

Hillmann, Felicitas / Rudolf, Hedwig (1996): Jenseits des brain drain. Zur Mobilität westlicher Fach- und Führungskräfte nach Polen, (WZB-Discussion paper, FS I 96–103), online: http://skylla.wz-berlin.de/pdf-/1998/i98-106.pdf (zuletzt abgerufen: 14.01.08).

Hönekopp, Elmar (2001): Labour Migration to Germany from Central and Eastern Europe – Old and New Trends, in: Hönekopp, Elmar / Horálek, Milan (Hrsg.): Economics and Labour Market Development and International Migration – Czech Republik, Poland, Germany, (Beiträge zur Arbeitsmarkt- und Berufsforschung), S. 52-81.

Hülskamp, Nicola / Plünnecke, Axel / Seyda, Susanne (2008): Demografischer Wandel: Verknappung des Arbeitsangebots?, in: Institut der deutschen Wirtschaft Köln (Hrsg.): Die Zukunft der Arbeit in Deutschland. Megatrends, Reformbedarf und Handlungsoptionen, Köln, S. 125-144.

Hunger, Uwe (2003): Vom Brain Drain zum Brain Gain. Die Auswirkungen der Migration von Hochqualifizierten auf Abgabe- und Aufnahmeländer, Bonn:Friedrich-Ebert Stiftung, online: http://egora.unimuenster.de/pol/-personen/thraenhardt/bindata/5hunger_braindrain.pdf (abgerufen: 14.1.08).

Hunger, Uwe / Thränhardt, Dietrich (2000): Vom Partizipationspostulat zum Civil-Society-Konzept. Zum Perspektivenwechsel in der Integrationsforschung im neuen Jahrhundert, in: Zeitschrift für Migration und soziale Arbeit, Nr. 2, S. 32-39.

Imbusch, Peter (1991): Die Folgen der Vollendung des Binnenmarktes für europäische und außereuropäischen Migranten, (FEG-Arbeitspapier, Nr. 3), Marburg.

Institut der deutschen Wirtschaft Köln (2001): Arbeitsmarkt, Unternehmen denken voraus, in: Informationsdienst des Instituts der deutsche Wirtschaft in Köln, Nr. 44, Köln.

Institut der deutschen Wirtschaft Köln (2007): Wertschöpfungsverluste durch nicht besetzbare Stellen Hochqualifizierter in der Bundesrepublik Deutschland (Studie im Auftrag des Bundesministerium für Wirtschaft und Technologie), Köln.

Institut für Arbeitsmarkt- und Berufsforschung der Bundesagentur für Arbeit (2008a): Langfristig handeln, Mangel vermeiden: Betriebliche Strategien zur Deckung des Fachkräftebedarfs – Ergebnisse des IAB-Betriebspanels 2007, IAB-Forschungsbericht, Nr. 3, Nürnberg.

Institut für Arbeitsmarkt- und Berufsforschung der Bundesagentur für Arbeit (2008b): Berufe im Spiegel der Statistik, online: http://www.pallas.-iab.de/bisds/berufe.htm (zuletzt abgerufen: 12.12.2008).

Institut für Arbeitsmarkt- und Berufsforschung der Bundesagentur für Arbeit (2008c): Akademiker/innen auf dem Arbeitsmarkt – Gut positioniert, gefragt und bald sehr knapp, IAB-Kurzbericht Nr. 18, online: http://doku-.iab.de-/kurzber/2008/kb1808.pdf (zuletzt abgerufen: 11.01.2009).

International Labour Organization [ILO] (1990): International Standard Classification of Occupations: ISCO-88, Genf, online: http://www.gesis-.org/dauerbeobachtung/GML/daten/MZ/allgemein/isco88com.pdf (zuletzt abgerufen: 03.04.08).

International Monetary Fund (2007): World Economic Database, Washington DC.

International Organization for Migration [IOM] (2000): World Migration Report 2000, Genf / New York.

Kolb, Holger (2002): Einwanderung und Einwanderungspolitik am Beispiel der deutschen „Green Card", Osnabrück.

Kolb, Holger (2004): Einwanderung zwischen wohlverstandenem Eigeninteresse und symbolischer Politik. Das Beispiel der deutschen 'Green Card' (Studien zu Migration und Minderheiten), Band 12, Münster.

Kolb, Holger (2006): Internationale Mobilität von Hochqualifizierten – (k)ein Thema für die Migrationsforschung, in: Swiaczny, Frank / Haug, Sonja (Hrsg.): Neue Zuwanderergruppen, in Deutschland, in: Materialien zur Bevölkerungswissenschaft, Nr. 116, S. 159-174.

Kolb, Holger / Hunger, Uwe (2001): Die 'gap-Hypothese' in der Migrationsforschung und das Analysepotential der Politikwissenschaft: Eine Diskussion am Beispiel der deutschen 'Green Card', in: IMIS- Beiträge, Nr. 22, Osnabrück, S. 13-39, online: http://www.imis.uniosnabrueck.de-/pdffiles/imis22.pdf (zuletzt abgerufen: 31.03.2008).

Koppel, Oliver (2007): Ingenieuremangel in Deutschland – gesamtwirtschaftliches Stellenangebot und regionale Fachkräftelücken, in: IW-Trends, Nr. 2, S. 81-95.

Koppel, Oliver / Plünnecke, Axel (2008): Braingain – Braindrain. Wachstumspotentiale der Zuwanderung (IW-Positionen, Nr. 33), Köln.

Koppel, Oliver / Plünnecke, Axel (2009): Fachkräftemangel in Deutschland. Bildungsökonomische Analysen, politische Handlungsempfehlungen, Wachstums- und Fiskaleffekte. „Basierend auf einem Gutachten für das Bundesministerium für Wirtschaft und Technologien" (IW-Forschungsbericht, Nr. 46), Köln.

Lemay, Michael C. (1989): U.S. Immigration Policy and Politics, in: LeMay, Michael C. (Hrsg.): The Gatekeepers: Comparativ Immigration Policy, Ort, S. 1-22.

Lichtenberger, Elisabeth (1995): Schmelztiegel Wien. Das Problem der „neuen Zuwanderung" von Ausländern, in: Geographische Rundschau, Heft 1, S. 10-17.

Lowell, Lindsay B. (1999): Temporary Visas for Work, Study and Cultural Exchange Introduction and Summary, in: dies. (Hrsg.): Foreign Temporary Workers in America. Policies that Benefit the U.S. Economy, Westport, S. 1-28.

Martin, Philip (2002): Policies for admitting highly skilled workers into the United States, in: OECD (Hrsg.): International Mobility of Highly Skilled, Paris.

Martin, Philip / Chen, Richard / Madamba, Mark (2002): United States Policies for Admission of Professional and Technical Workers: Objectives and Outcomes, (International Migration Papers 35), London.

Martin, Susan (2003): Öffnung, Schließung, Ausbeutung: Drei Modelle amerikanischer Einwanderungspolitik, in: Tränhardt, Dietrich / Hunger, Uwe (Hrsg.): Migration im Spannungsfeld von Globalisierung und Nationalstaat, Leviathan Sonderheft 22, Wiesbaden, S. 274-292.

Martin, Susan / Lowell, Lindsay B. (2004): Competing for Skills: US Immigration Policy since 1990, Institute for the Study of International Migration, online: http://www.irpp.org/events/archive/apr04/lowell.pdf (zuletzt abgerufen: 12.01.08).

Massey, Douglas S./ Arango, Joaquin / Hugo, Graeme / Kouaouci, Ali / Pellegrino, Adela / Taylor, Edward (1993): Theories of International Migration, in: Population and Development Review, Nr. 3, S. 431-466.

Mclaughan, Gail / Salt, John (2002): Migration policies towards highly skilled foreign workers, online: http://www.geog.ucl.ac.uk/research/mobility-identity-and-security/migration-research-unit/pdfs/highly_skilled.pdf (zuletzt abgerufen: 14.01.08).

Meier-Braun, Karl-Heinz (2002): Deutschland, Einwanderungsland, Frankfurt a.M.

Munz, Sonja / Ochel, Wolfgang (2001): Fachkräftebedarf bei hoher Arbeitslosigkeit, in: Unabhängige Kommission „Zuwanderung", Studie im Auftrag des Bundesministerium des Inneren, München.

Müller, Peter (2005): Das Zuwanderungsgesetz – Instrumentarium für effektive Steuerung und Begrenzung von Migration, in: Zeitschrift für Ausländerrecht und Ausländerfragen, Nr. 2, S. 245-257.

North, David S. (1999): Some Thoughts on Nonimmigrant Students and Worker Programs, in: Lowell, Lindsay B. (Hrsg.): Foreign Temporary Workers in America. Policies that benefit the U.S. Economy, Westport, S. 56-92.

OECD (1995): The Mesure of Scientific and Technological Activities: Manual on the Measurement of Human Resources devoted to S&T "Canberra Manual", Paris, online: http://www.oecd.org/dataoecd/34/0/2096025.pdf (zuletzt abgerufen 12.04.08).

OECD (2002): International Mobility of the Highly Skilled, Paris, online: http://-www.oecd.org/dataoecd/9/20/1950028.pdf (abgerufen: 13.05.08).

OECD (2007): International Migration Outlook, Paris, online: http://www-.oecd.org/document/25/0,3343,en_2649_33931_38797017_1_1_1_37415,0 0.html (zuletzt abgerufen: 14.01.08).

OECD (2008a): International Migration Outlook, Paris.

OECD (2008b): Bildung auf einen Blick – OECD-Indikatoren 2007, Paris.

Palmié, Stephan (1992): Einwanderung und Einwanderungspolitik, in: Adams, Willi Paul (Hrsg.): Länderbericht USA, Bonn.

Pflugbeil, Stephan Dirk (2005): Auswirkungen der internationalen Migration auf die Bundesrepublik Deutschland. Theoretische und empirische Analysen vor der Hintergrund der EU- Osterweiterung, Regensburg.

Plünnecke, Axel / Seyda, Susanne (2007): Wachstumseffekte einer bevölkerungsorientierten Familienpolitik, IW-Analysen, Nr. 27, Köln.

Reißlandt, Carolin (2005): Von der Gastarbeiter-Anwerbung zum Zuwanderungsgesetz, in: Bundeszentrale für politische Bildung, Dossier Migration, Bonn, online unter: http://www.bpb.de/themen/6XDUPY,0,-0,Von_der_GastarbeiterAnwerbung_zum_Zuwanderungsgesetz.html (abgerufen: 06.12.2008).

Renner, Günter (2004): Vom Ausländerrecht zum Zuwanderungsrecht, in: Zeitschrift für Ausländerrecht und Ausländerfragen, Nr. 8, S. 266-275.

Renner, Günter (2005): Zuwanderungsgesetz – Ende des deutschen Ausländerrechts?, in: Zeitschrift für Staats- und Europawissenschaften, Nr. 2, S. 258-274.

Romer, Paul (1986): Increasing Returns and Long-run Growth, in: Journal of political Economy, Nr. 94, S. 1002 – 1037.

Sabatier, Paul A. (1999): The Need for Better Theories, in: Sabatier, Paul A. (Hrsg.): Theories of the Policy Process, Boulder, S. 3-18.

Sachverständigenrat für Zuwanderung und Integration [SZI] (2004): Migration und Integration: Erfahrungen nutzen, Neues wagen, Jahresgutachten 2004, Bonn, online unter: http://www.dstgb.de/homepage/pressemeldungen-/archiv2004/newsitem00996/996_2_4934.pdf (abgerufen: 11.01.2009).

Salt, John (1992): The Future of International Labour Migration, in: International Migration Review 4, S. 1077 – 1111, online: http://www.-jstor.org/sici?sici=01979183(199224)26%3A4%3C1077%3ATFOILM%3E2.0.CO%3B2-H (zuletzt abgerufen: 11.01.08 abgerufen).

Salt, John (2002): Current Trends in International Migration in Europe, Brüssel (Coucil Europe).

Santel, Bernhard (2003): Einwanderungs- und Integrationspolitik in Deutschland und den USA, in: Butterwegge, Christoph; Hentges, Gudrun (Hrsg.): Zuwanderung im Zeichen der Globalisierung, Opladen, S. 134-151.

Sauer, Lenore (2004): Migration hoch qualifizierter Arbeitskräfte. Theoretische Analyse der Auswirkungen sowie internationale Politikoptionen, Regensburg.

Sauer, Lenore / Heß, Barbara (2007): Migration von hoch Qualifizierten und hochrangig Beschäftigten aus Drittstaaten nach Deutschland (Working Paper 9 der Forschungsgruppe des Bundesamtes für Migration und Flüchtlinge), Bonn, online: http://www.bamf.de/nn_444062/SharedDocs/Anlagen/DE/Migration/Publikationen/Forschung/WorkingPapers/wp9migration-von-hochQualifizierten,templateId=raw,property=publicationFile.pdf/wp9-migration-von-hoch-Qualifizierten.pdf (abgerufen: 03.12.2008).

Schäfer, Holger (2008): Zuwanderung und Integration, in: Institut der deutschen Wirtschaft Köln (Hrsg.): Die Zukunft der Arbeit in Deutschland. Megatrends, Reformbedarf und Handlungsoptionen, Köln, S. 225-248.

Senghaas, Dieter (1974): Peripherer Kapitalismus. Analysen über Abhängigkeit und Unterentwicklung, Frankfurt a.M.

Siegel, Donald (1999): Skill-baised Technological Change, Nottingham.

Steinhardt, Max (2007): Die Steuerung der Arbeitsmigration im Zuwanderungsgesetz – eine kritische Bestandsaufnahme aus ökonomischer Sicht, in: Hamburger WeltWirtschaftsInstitut (HWWI) Paper 3, Hamburg.

Stobbe, Holk (2004): Undokumentierte Migration in Deutschland und den Vereinigten Staaten, Göttingen, online: http://webdoc.sub.gwdg.de/diss/2004/-stobbe/index.html (zuletzt abgerufen: 14.01.08).

Straubhaar, Thomas, (2000): Brain Gain durch IT-Gastarbeiter, in: Zeitschrift für Wirtschaftspolitik, Nr. 3, S. 134-135.

Süssmuth, Rita (2006): Migration und Integration: Testfall für unsere Gesellschaft, München.

Süssmuth, Rita (2008): Der Kampf um die besten Köpfe Hochqualifizierte Migrantinnen und Migranten in Wirtschaft und Gesellschaft (Vortrag bei der Evangelischen Akademie Loccum im September 2008), Rehburg-Loccum.

The Office of Immigration Statistics [OIS] (1997, 2003, 2009) Yearbook of Immigration Statistics, Ministry of Homeland Security, online: http://-www.dhs.gov/files/statistics/publications/yearbook.shtm (abgerufen: 02.-08.2010).

Thränhardt, Dietrich (2005), Entwicklung durch Migration: ein neuer Forschungsansatz, in: Aus Politik und Zeitgeschichte, Heft 27, S. 3-11, online: http://egora.uni_muenster.de/pol/personen/thraenhardt/bindata/04-05/entwicklung_durch_migration.pdf (zuletzt abgerufen: 14.01.08).

Tsvetkova, Kristina (2006): Die Einwanderungspolitik der USA in Bezug auf Hochqualifizierte: Ein Überblick, in: Hunger, Uwe / Thränhardt, Dietrich (Hrsg.): Brain Circulation Diaspora als treibende Kraft bei der Entwicklung der Herkunftsländer, Münster, S. 99-113.

UNESCO (1997): International Standard Classification of Education, online: http://www.uis.unesco.org/TEMPLATE/pdf/cd/ISCED_A.pdf. (abgerufen: 14.01.08).

U.S. Bureau of the Census (1998): Statistical Abstract of the United States, Washington DC.

Vogel, Dita (1994): Sozialpolitische Integration als zuwanderungspolitisches Steuerungsinstrument, in: Jürgen Wahl (Hrsg.): Sozialpolitik in der ökonomischen Diskussion, Marburg, S. 227-248.

Unabhängige Kommission „Zuwanderung" (2001): Zuwanderung gestalten – Integration fördern, Bericht der unabhängigen Kommission „Zuwanderung", Berlin, online: http://www.bmi.bund.de/nn_122688/Internet/-Content/Common/Anlagen/Themen/ZuwanderungIntegration/DatenundFakten/Zuwanderungsberichtpdf,templateId=raw,property=publicationFile.pdf/Zuwanderungsbericht_pdf. (zuletzt abgerufen: 12.01.08).

Usdansky, Margaret / Espenshade, Thomas (2001): The evolution of U.S. policy toward employmentbased immigrants and temporary workers: The H-1B debate in historical perspective, in: Cornelius, Wayne / Espenshade, Thomas / Salehyan, Idean (Hrsg.): The international migration of the highly skilled: Demand, supply, and development consequences in sending and receiving countries, San Diego, S. 23-53.

Werner, Heinz (2001): From Guests to Permanent Stayers – From Germany „Guestworker" Programmes of the Sixties to the Current „Green Card" Initiative for IT Specialists, IAB Topics, Nr. 43, Nürnberg, online: http://www.eric.ed.gov/ERICDocs/data/ericdocs2sql/content_storage_01/0 000019b/80/19/1c/cc.pdf (zuletzt abgerufen: 14.03.2009).

Woodrow-Lafield, Karen A. (1998): Undocumented Residents in the United States in 1990: Issues of Uncertainty in Quantification, in: International Migration Review, Nr. 32, S. 145-173.

Zimmermann, Klaus F. / Hinter Holger (2005): Zuwanderung und Arbeitsmarkt. Deutschland und Dänemark im Vergleich, Heidelberg.

Gesetzestexte / online:

ASAV   http://www.aufenthaltstitel.de/asav.html#5

Aufenthaltsgesetz   http://www.aufenthaltstitel.de/aufenthaltsg.html#19

Katja Gößling

Der Aufenthaltsstatus von ausländischen Arbeitnehmern in der Bundesrepublik Deutschland

Gemeinschaftsrechtliche Vorgaben und ihre Umsetzung in das nationale Recht

Frankfurt am Main, Berlin, Bern, Bruxelles, New York, Oxford, Wien, 2009.
381 S.
Studien und Materialien zum Öffentlichen Recht.
Herausgegeben von Herbert Bethge. Bd. 35
ISBN 978-3-631-58420-0 · br. € 56.50*

Den Gegenstand der Arbeit bilden das Aufenthaltsrecht, der Zugang zum Arbeitsmarkt sowie die Teilhabe an staatlichen Sozialleistungen von ausländischen Arbeitnehmern in der Bundesrepublik. Betrachtet werden sowohl Unionsbürger (EU-Arbeitnehmer) als auch Personen mit der Staatsangehörigkeit eines Drittstaats sowie ihre Familienangehörigen. Anstoß zu der Arbeit hat die durch zahlreiche gesetzliche Neuerungen geprägte Rechtslage sowohl auf Gemeinschaftsebene als auch in der Bundesrepublik Deutschland gegeben. Hervorzuheben sind insbesondere die Richtlinien 2004/38/EG, 2003/86/EG und RL 2003/109/EG und das von der EU-Kommission vorgeschlagene Richtlinienpaket zur Wirtschaftsmigration sowie das bundesdeutsche Zuwanderungsgesetz. Ziel der Arbeit ist es daher zum einen, eine aktuelle Analyse des Gemeinschaftsrechts und des deutschen Rechts für diesen Bereich zu präsentieren. Zum anderen werden auf dieser Grundlage die Unterschiede aufgezeigt, die zwischen dem Aufenthaltsstatus von Arbeitnehmern aus der EU und von drittstaatsangehörigen Arbeitnehmern bestehen.

Aus dem Inhalt: Freizügigkeit der Arbeitnehmer · Unionsbürgerschaft und allgemeine Freizügigkeit · Aufenthaltsstatus des Arbeitsuchenden · RL 2004/38/EG · Diskriminierungsverbot · Drittstaatsangehörige · Einwanderungspolitische Maßnahmen der EG · Wirtschaftsmigration · u.v.m.

Frankfurt am Main · Berlin · Bern · Bruxelles · New York · Oxford · Wien
Auslieferung: Verlag Peter Lang AG
Moosstr. 1, CH-2542 Pieterlen
Telefax 0041 (0) 32/376 17 27

*inklusive der in Deutschland gültigen Mehrwertsteuer
Preisänderungen vorbehalten

Homepage http://www.peterlang.de